2010-12년 정세분석

공감개론신서 10

2010-12년 정세분석

윤소영 지음

공감

공감개론신서 10

2010-12년 정세분석

윤소영 지음

인쇄일 2013년 3월 25일
발행일 2013년 3월 30일

도서출판 공감

발행인 이범수
출판등록 22-1006 (1996. 5. 14.)
서울시 마포구 망원2동 436-40 플러스타운 101-1호
전화 323-8124 / 팩스 323-8126
전자우편 alba21@naver.com

ISBN 978-89-86939-48-4 03320
값 10,000원

서문

과천연구실은 2007-09년 금융위기와 관련하여 세 권의 책을 출판한 바 있다. 마르크스주의적 분석을 제시한 『2007-09년 금융위기』(공감, 2009), 마르크스주의적 대안을 제시한 『금융위기와 사회운동 노조』(공감, 2008), 마르크스주의적 분석과 대안을 총괄하고 보충한 『2007-09년 금융위기 논쟁』(공감, 2010)이 그것이다.

『2010-12년 정세분석』이라는 제목의 이 책은 2007-09년 금융위기와 경기침체가 이미 해결되었다는 항간의 소문이 근거 없는 낭설일 따름이라는 사실에서 출발한다. 2010년부터 '더블딥'에 대비한 정책대응을 시작한 바 있는 '미국/세계의 경제대통령' 버냉키는 2012년에 더블딥이 발생하지 않더라도 이미 '2차 대불황'이 시작되었을지도 모른다고 고백하고 있다. 2009년부터 그는 미국에서도 재정위기가 발생할 가능성이 제고되고 있다고 경고하기도 하는데, 2011년에 국가신용등급이 강등되는 미증유의 사태가 발생한 것은 우연이 아니다. 이런 상황에서 오바마 정부가 '태평양으로의 선회'를 선언하면서 범태평양파트너십을 매개로 아시아태평양자유무역협정을 추진하고 있는 것이다. 2차 대불황, 마르크스주의적으로 말해서 자본주의의 붕괴에 대비하는 '플랜 B'가 이미 실행되고 있음을 알 수 있는 대목이다.

과천연구실은 2010년대, 좀 더 정확하게 말해서 2012-13년에 자본주의가 붕괴할 것으로 예측하는 동시에 경제적 위기와 이데올로기적 반역이 해후하지 못한 현정세의 역설에 대해서도 주목해왔다. 아랍민족주의의 쇠퇴와 범이슬람주의의 부활을 상징하는 '아랍의 봄'을 모방하면서 '우리가 99%다'라고 주장하는 인민주의적 오큐파이월스트리트운동을 이데올로기적 반역으로 간주하지 않는 한, 역사과학으로서 마르크스주의와 동시에 공산주의적 이데올로기로서 마르크스주의를 복원할 필요가 있다는 사실에 공감할 수밖에 없을 것이다. 『금융위기와 사회운동노조』를 합본한 『역사적 마르크스주의: 이념과 운동』(공감, 2004)의 개정판을 준비하고 있는 것은 이 때문이다. 물론 위고의 『레 미제라블』을 멜로드라마화한 뮤지컬영화에 온통 감정을 이입한 남한 사회에 프루동식 정의론이 만연하고 있다는 사실을 모르지는 않지만 말이다.

2013년 3월
윤 소 영

차례

2010-11년 정세분석

『2007-09년 금융위기』(공감, 2009)와 『2007-09년 금융위기 논쟁』(공감, 2010)이 출판된 이후에 전개된 경제정세를 미국을 중심으로 간단하게 분석해보겠습니다. '그럭저럭 버티면서'(muddling through) 경기가 회복되기를 기다리는 재무부와 연방준비제도(Fed, 연준)의 정책에도 불구하고 여전히 더블딥(double dip, 이중침체)의 위험이 존재한다는 것이 핵심이에요. 특히 재정위기의 가능성이 점차 제고되고 있다는 사실에 주목할 필요가 있지요.

2007-09년 경기침체

이번에 미국경제가 경험한 경기침체의 특징을 간단하게 설명해두겠습니다. 경기순환의 고점은 2007년 4/4분기이고 저점은 2009년 2/4분기이지요. 2007년 12월부터 침체되기 시작한 경기가 2009년 6월부터 회복되기 시작하거든요. 그런데 이번 경기침체는 미국경제가 불황기로 진입한 1970년대 이후 최악의 수준이에요. 1982년의 경제성장률 −1.9%가 이제까지 최악의 수준이었는데, 2009년의 경제성장률은 그것의 거의 2배인 −3.5%이거든요. 게다가 2010년

3/4분기부터 경기회복세가 둔화되기 시작합니다. 가장 큰 이유는 실업률의 하락폭이 크지 않은 데다가 주택가격도 거의 회복되지 않아서 가계의 소비지출이 정체한다는 데 있지요.

실업률은 2008년 1/4분기의 5.0%에서 2009년 4/4분기의 10.0%까지 상승합니다. 1982년 4/4분기의 10.7%와 비교하면, 0.7%포인트 낮지요. 반면 2010년 1/4분기에 9.7%로 하락한 실업률은 4/4분기까지 9.6%를 유지합니다. 1983년 4/4분기의 8.5%와 비교하면, 1.1% 포인트 높지요. 그러나 1981-82년 경기침체와 2007-09년 경기침체의 차이가 단순한 '고용 없는 회복'(jobless recovery)이라고 할 수는 없습니다. 특히 비정규직·실망실업자를 포함하는 비공식실업률과 공식실업률의 격차가 5%포인트에서 7%포인트로 확대된다는 사실에 주목해야 하거든요.

실업률 격차는 1960년대의 2%포인트에서 1970-80년대의 3%포인트를 거쳐 1990년대의 4%포인트로 확대됩니다. 경기침체기에 주목하면, 1970년의 2%포인트에서 1973-75년, 1980년, 1990-91년의 3% 포인트를 거쳐 2001년의 4%포인트로 확대되지요. 1981-82년에는 예외적으로 5%포인트까지 확대되는데, 이번에는 그것을 초과하여 7% 포인트까지 확대되는 것이에요. 1994년에 비공식실업률이 U-7에서 U-6로 하향 조정된 사실을 고려하면, 2007-09년의 실업률 격차는 7%포인트를 초과하겠지요. 게다가 1983년에는 실업률 격차가 3% 포인트로 축소되는데, 2010년에는 7%포인트를 유지합니다. 반면 금융위기 이전에는 1990년대처럼 4%포인트이지요.

또 1998년 1월의 83에서 2000년 1월의 101로 상승한 주택가격의 케이스-실러지수는 상승세를 지속하여 2006년 4월에 227에 도달합니다. 1998년 1월에 비해 2.7배, 2000년 1월에 비해 2.2배로 상승한 셈인데, 그 결과 주택거품이 형성되지요. 그러나 2009년 5월에는 152, 달리 말해서 서브프라임 모기지론(비우량 주택담보대출)이 확산되기 시작한 2003년 8월 수준으로 하락합니다. 『2007-09년 금융위기』와 『2007-09년 금융위기 논쟁』에서 설명한 것처럼, 주택거

품의 붕괴가 2007-09년 금융위기와 경기침체의 직접적 원인이에요. 금융위기가 완화되고 경기가 회복되면서 케이스-실러지수는 2010년 5월에 161로 상승하다가 12월에는 156으로 하락하지요.

2차 수량완화정책

그래서 2010년에도 출구전략과 더블딥을 둘러싼 논쟁이 지속되는 것입니다. 국제경제연구소(IIE) 연구원 가농은 2009년 12월부터 연준의 출구전략은 시기상조이고 오히려 2차 수량완화정책이 필요하다고 주장하지요. 달리 말해서 2조달러의 장기채권을 추가로 구매해야 한다는 것이에요. 같은 연구소의 포젠도 가농의 입장에 찬성하는데, 『2007-09년 금융위기』에서 소개한 것처럼, 포젠은 2009년 4월 금융위기가 완화되는 상황에서 시기상조의 출구전략으로 인한 더블딥의 가능성을 제기한 바 있지요. 요컨대 더블딥을 예방하려면 2차 수량완화정책이 필요하다는 것이에요.

연준이사회 의장 버냉키는 2010년 8월 주요국 중앙은행총재 연례심포지엄(잭슨홀회의)의 개회연설에서 수량완화정책의 재개를 예고하고, 11월부터 실행합니다. 『2007-09년 금융위기』와 『2007-09년 금융위기 논쟁』에서 설명한 것처럼, 대차대조표의 규모를 확대하고 그 구성을 변화시키는 1차 수량완화정책(QE1)은 금융위기가 폭발한 2008년 9월부터 12월까지 은행을 비롯한 금융기관, 나아가 기업과 가계에 대한 단기대부정책으로 시작하지요. 버냉키는 이것을 대차대조표의 규모만 확대하는 전형적인 수량완화정책과 구별하여 신용완화정책(CE)이라고 부르는데, 여기서는 구별하지 않겠어요.

금융위기가 완화되는 2009년 3월부터 연준은 대차대조표의 규모를 유지하면서도 구성은 변화시킵니다. 달리 말해서 정책의 초점을 장기대부로 전환하여 장기이자율을 직접 인하하려고 시도한다는 것인데, 핵심은 2010년 3월까지 민간이 보유하는 국책모기지회사 주택담보부증권(MBS) 1.25조달러를 구매한다는 데 있지요. 또 2009년 10월까지 국채 0.30조달러를 구매하여 금융위기가 시작되기 직전 2007년 7월 수준인 0.78조달러를 회복하는데, 통상적인 공개시장조작과의 차이는 단기국채(재무부어음)가 아니라 장기국채(재무부채권)를 구매한다는 데 있어요.

반면 2차 수량완화정책(QE2)의 핵심은 2010년 11월부터 2011년 6월까지 0.60조달러의 장기국채를 추가로 구매한다는 것입니다. 또 조기상환되거나 만기상환된 주택담보부증권 원금의 대부분도 장기국채에 재투자한다는 것이지요. 1차 수량완화정책과의 차이는 적자재정정책을 위해 신규로 발행되는 장기국채를 구매한다는 데 있는데, 조금 이따가 다시 설명하겠어요.

2차 수량완화정책으로 인해 연준의 대차대조표는 또다시 규모가 확대되는 동시에 그 구성도 변화합니다. 1차 수량완화정책이 종료된 2010년 3월 말과 2차 수량완화정책이 종료된 2011년 6월 말을 비교하면, 자산은 2.31조달러에서 2.87조달러로 0.56조달러 증가합니다. 특히 국채가 0.78조달러에서 1.62조달러로 증가한 반면 주택담보부증권은 1.09조달러에서 0.91조달러로 감소하지요. 2010년 3월 말 주택담보부증권의 보유액이 1.25조달러가 아니라 1.09조달러인 것은 조기상환 또는 만기상환 때문인 것 같아요.

또 부채는 2.26조달러에서 2.82조달러로 0.56조달러 증가합니다. 특히 현금이 0.89조달러에서 0.99조달러로 거의 불변인 반면 지불준비금(지준)은 1.05조달러에서 1.63조달러로 증가하지요. 따라서 현금과 지준의 총계인 본원통화가 1.94조달러에서 2.62조달러로 0.68조달러 증가한 셈입니다. 2010년의 국민소득이 14.53조달러이므로, 금융위기 이후 2조달러 정도 증가한 본원통화의 국민소득 대비 비중은 20%까지 상승하지요. 반면 금융위기 이전에는 6%에 불과해요.

2차 수량완화정책이 실행되면서 실업률은 2011년 3월에 8.8%로 하락하다가 6월에는 9.2%로 상승하고, 또 2011년 3월에 154로 하락한 케이스-실러지수는 6월에도 154를 유지하지요. 달리 말해서 실업률과 주택가격에 대한 효과가 미미하다는 것이에요. 그래서 3차 수량완화정책(QE3)을 둘러싸고 논쟁이 제기되는데, 2차 수량완화정책은 가농이 주장한 2조달러의 1/3에도 미달하거든요.

처음에 고용 없는 회복, 쉽게 말해서 경기회복과 고용확대의 시차가 문제인 것은 아니라고 했습니다. 고용 없는 회복의 사례는 성장기인 1950-60년대와 불황기인 1980-90년대에서 모두 발견할 수 있지요. 1960-61년의 5개월과 1970년의 13개월, 또 1990-91년의 15개월과 2001년의 19개월이 그것이에요. 그러나 불황기로 진입하는 1970년대에는 시차가 거의 없는데, 1973-75년에는 2개월, 1980년에는 0개월, 1981-82년에는 1개월이거든요. 그런데 2차 수량완화정책 이후에도 실업률의 하향세가 확실하지 않은 데다가 실업률 격차도 여전히 7%포인트를 유지한다는 사실에 주목해야 하지요. 요컨대 단순한 시차의 문제는 아니라는 것이에요.

재정위기의 가능성

2010년 11월 이후 재무부가 발행하는 국채는 거의 모두 연준이 구매합니다. 달리 말해서 2차 수량완화정책이 12월부터 실행되는 8580억달러의 감세만으로 구성되는 2차 적자재정정책을 지지하고 있다는 것이지요. 조금 이따가 다시 설명할 것처럼, 현재의 연준도 2001-06년의 일본은행(BOJ)처럼 국채를 '화폐화'(monetizing)하고 있는 셈이에요. 반면 2009년 2월부터 실행되는 7870억달러의 재정지출과 감세로 구성되는 1차 적자재정정책, 즉 미국재건재투자법(ARRA)은 1차 수량완화정책과 독립적이지요. 연준의 구제금융으로서 1차 수량완화정책은 2008년 10월부터 실행된 재무부의 구제금융, 즉 7000억달러의 부실자산구제계획(TARP)에 대응하거든요.

어쨌든 금융위기 이후 5조달러 가량 증가한 국채는 2010년 12월에 이미 14.03조달러에 도달하여 국민소득 대비 비중이 97%로 상승합니다. 반면 금융위기 이전에는 60-65%에 불과해요. 또 2011년 5월에 국채는 그 상한인 14.29조달러를 돌파하는데, 역시 조금 이따가 다시 설명하겠어요. 참고로, 2차 세계전쟁기에 국채의 비중은 129%까지 상승한 적이 있지요.

이런 상황에서 재정위기의 가능성에 대한 논쟁이 전개되는 중입니다. 버냉키가 지적하는 것처럼, 미국의 재정위기는 이미 전례가 있어요. 1979년 4-5월에 3주 동안 1.22억달러의 단기국채에 대한 부도가 발생하고, 그 결과 국채이자율이 0.6%포인트 상승하여 2조달러이던 국채의 이자가 120억달러 증가하거든요. 『2007-09년 금융위기』와 『2007-09년 금융위기 논쟁』에서 설명한 것처럼, 국채의 부도로 인해 국채이자율에 리스크프리미엄이 추가되면서 국채가격이 하락하는 것이 재정위기이지요.

당시에는 재정위기와 동시에 달러위기도 발생합니다. 세계화폐로서 달러의 위상이 불확실해지면서 '금으로의 도피'(flight to gold)가 출현하거든요. 1978년 10월에 저점에 도달한 달러가치가 1979년에도 거의 회복되지 못하면서 1980년 초에 금값은 2400달러까지 상승하지요. 그래서 1979년 10월에 연준이사회 의장 볼커가 금리 인상을 통해 달러 강세를 유도하는 저 유명한 '통화주의 쿠데타'를 감행한 것이에요.

이번에도 마찬가지일 수 있습니다. 달러가치는 2008년 3월에 베어스턴스의 부도위험이 발생하고 금융위기가 심화되면서 잠시 강세를 유지하지요. 그러나 2009년 3월부터 금융위기가 완화되면서 약세로 전환하는데, 2002년 이후 지속된 하락추세로 복귀하는 셈이에요. 금값은 달러가치와 거의 정반대로 변동합니다. 2002년부터 상승하기 시작한 금값이 2008년 3월에는 온스당 1000달러를 돌파하거든요. 또 2008년 11월에 700달러까지 하락하다가 2009년 2월에는 1000달러로 반등하고, 이후 상승세를 지속하여 2011년 7월에는 1600달러를 돌파하지요.

2009년 말에 외국인이 보유하는 현금은 0.5조달러이고, 국채는

3.7조달러입니다. 즉 외국인이 보유하는 현금의 비중이 56%이고, 국채의 비중도 정부·연준보유액을 제외한 민간보유액의 52%라는 것이에요. 또 국책모기지회사 주택담보부증권은 1.3조달러를 보유하는데, 연준의 최대보유액과 거의 동일하지요. 결국 미국이 발행한 부채의 절반 정도인 5.5조달러는 외국인이 보유한다는 것입니다. 그 중 중국의 외환보유액 2.4조달러의 2/3인 달러표시자산 1.6조달러가 1/3을 차지하지요. 이것이 2차 세계전쟁기와의 차이인 동시에 유럽연합과의 차이인데, 브레튼우즈체제가 붕괴한 이후 달러의 발권이익(seigniorage)이 출현한다는 것이에요.

미국의 재정위기가 미래형 사건인 반면 유럽의 재정위기는 현재진행형 사건입니다. 유럽연합(EU) 회원국인 헝가리와 폴란드에서 2008년 10월과 2009년 5월에 재정위기가 발생하고, 2010년 5월에는 유로존(EZ) 회원국인 그리스에서도 재정위기가 발생하거든요. 이에 대응하여 2010년 5월에 독일과 프랑스는 국제통화기금(IMF)의 구제금융 2500억유로에 추가하여 유로존 17개 회원국만 대상으로 하는 4400억유로의 유럽금융안정기구(EFSF)와 유럽연합 27개 회원국 전체를 대상으로 하는 600억유로의 유럽금융안정화기구(EFSM)를 신설하기로 합의하지요.

독일의 계획은 2013년에 재정위기가 완화되면 두 기구를 유럽안정기구(ESM)로 단일화하여 상설화한다는 것입니다. 달리 말해서 통화동맹(MU)의 해체도 아니고 재정동맹(FU)의 도입도 아닌 제3의 길을 모색하는 셈인데, 역시 그럭저럭 버티면서 시간을 벌려는 정책이라고 할 수 있지요. 그러나 재정위기는 간단없이 재발하고 있습니다. 2010년 12월에 아일랜드에서 재정위기가 발생한 다음, 2011년 5월에 포르투갈을 거쳐 7월에는 스페인과 이탈리아로 전염되거든요.

이런 와중에 국제통화기금의 개혁도 결국 중도반단됩니다. 국제경제연구소 연구원 존슨이 지적하는 것처럼, 2010년 11월 주요20개국(G20) 5차 서울정상회의에서 독일과 프랑스가 지분·의결권의 축소에는 동의하면서도 총재직은 유지하겠다고 고집한 것이에요. 유럽연합의 재정위기를 해결하는 데 국제통화기금의 구제금융이 필수불가결하다는 사실을 반영한다고 해석할 수 있는 대목이지요.

유럽연합의 재정위기를 해결할 수 있는 '만병통치약'으로 거론되는 유로본드(유럽연합공동국채)의 도입은 실행가능성이 별로 없습니다. 만일 유로본드를 도입할 수만 있다면, 이탈리아의 국채원리금을 독일의 조세로 지불할 수도 있겠지요. 그런데 그런 일은 이탈리아가 통화주권처럼 재정주권도 독일에게 양도한 경제적 식민지일 경우에나 가능한 것이에요. 재정동맹 없는 통화동맹이라는 유럽연합의 결함을 해결하기 위한 안정및성장에관한협정(SGP)이 유명무실한 상황에서 유럽연합의 재정위기는 사실 시간 문제였을 따름이에요.

국가신용등급의 강등

2011년 6월 초에 루비니는 늦어도 2013년까지 세계경제의 '퍼펙트 스톰', 즉 최악의 시나리오로서 더블딥이 발생할 것으로 예상합니다. 미국과 유럽연합의 재정위기에다가 2011년 3월에 발생한 대지진과 쓰나미로 인한 일본의 경기침체와 1997-98년의 남한처럼 기업의 과잉투자와 은행의 부실채권으로 인한 중국의 경착륙이 결합할 가능성이 1/3이라는 것이에요. 또 2012년 중반에 증시붕괴와 은행위기가 더블딥을 촉발할 것으로 예상하지요. 그런데 두 달만인 8월 초에 그는 1년 이내에 더블딥이 발생할 가능성이 1/2이라고 자신의 예상을 수정합니다. 미국의 국가신용등급 강등을 계기로 증시에서 패닉(공황)이 발생하거든요.

방금 지적한 것처럼, 2011년 5월 16일에 미국의 국채는 그 상한인 14.29조달러를 돌파합니다. 이런 상황에서 재무부장관 가이트너는 국채발행 이외의 '비상수단'(extraordinary measures)을 통해 단기국채의 원리금을 지불할 수 있는 시한은 8월 2일까지라고 의회에 경고하지요.

레이건 정부 시절인 1985년을 논외로 할 때, 국채상한에 접근하면서 부도위험이 상승한 대표적인 경우가 바로 클린턴 정부 시절인 1995년 10월부터 1996년 3월까지인데, 재무부장관 루빈이 동원한 '비상수단'(extraordinary steps)은 1995년 11월 14일부터 19일까지 또 12월 16일부터 1996년 1월 6일까지 두 차례에 걸친 연방정부폐쇄(federal government shutdown)라는 전무후무한 조치도 포함합니다. 그러나 실제로 부도가 발생한 것은 아니고, 따라서 일시적으로 상승한 리스크프리미엄도 곧 원상회복되지요. 또 부시 정부 시절인 2002년 2월부터 6월까지와 2002년 12월부터 2003년 5월까지도 국채상한으로 인해 부도위험이 상승한 적이 있어요.

국채상한에 접근한다고 해서 반드시 부도위험이 상승하는 것은 아닙니다. 역시 부시 정부 시절인 2004년 8월부터 11월까지와 2005년 11월부터 2006년 3월까지도 국채상한에 접근하지만 부도위험이 상승하지는 않거든요. 또 이번에도 금융위기가 폭발하면서 2009년 12월 16일에 국채상한 12.39조달러가 돌파되고 2010년 2월 12일에 14.29조달러로 국채상한이 증액되는데, 역시 부도위험이 상승하지는 않아요.

어쨌든 국채상한 14.29조달러가 돌파된 이후 민주당과 공화당은 의회에서 지리멸렬한 논쟁을 전개하다가 7월 31일 일요일 오후 동아시아증시가 개장되기 직전에 2012/13년부터 2021/22년까지 10년간 재정적자를 2.1조달러 정도 감축한다는 조건 아래 2012년 11월 대선까지 국채상한을 2.4조달러 정도 증액하기로 합의합니다. 이에 따라 3차 적자재정정책과 3차 수량완화정책이 실행될 가능성이 더욱 제고되는데, 조금 이따가 다시 설명하겠어요.

그러나 국가신용등급이 강등될 가능성이 불식되는 것은 아닙니다. 문제는 국채상한이 아니라 재정정책의 지속불가능성에 있거든요. 먼저 재정적자의 대부분을 감축하는 주체가 현재의 오바마 정부가 아니라 차기 정부인 데다가 재정적자를 감축하기 위해 조세를 증가시키는 것이 아니라 재정지출을 감소시킨다는 데 문제가 있지요. 또 2011-12년의 경제성장률이 3%, 2%, 1%, 0%라고 가정하면, 2012년 말 국채의 비중은 108%, 111%, 113%, 115%가 되지요. 달리 말해서 국채의 비중이 10-20%포인트 가량 상승하여 금융위기 이전의 거의 2배이자 2차 세계전쟁기의 수준에 도달한다는 것인데, 역시 조금 이따가 다시 설명하겠어요.

결국 8월 5일 금요일 오후 뉴욕증시가 폐장된 직후에 신용평가사 스탠더드앤푸어스(S&P)는 장기국채의 신용등급을 트리플A에서 더블A플러스로 한 단계 강등합니다. 그래서 월요일인 8일부터 증시에서 패닉이 발생한 것이에요. 2009년 3월의 6600에서 2011년 7월의 12700으로 상승한 다우존스는 10800까지 하락하지요. 코스피까지 별도로 검토할 필요는 없는데, 2007-09년 금융위기 이후에도 여전히 다우존스와 연동되어 있거든요. 반면 상하이증시는 다우존스와 독립적인데, 금융위기 이후에는 대체로 증시가 아니라 부동산시장에서 거품이 발생하기 때문이에요.

루비니가 예상을 하향 조정한 것은 이런 상황이 증시붕괴의 시작일지도 모르기 때문입니다. 그는 더블딥의 예방이라는 '미션 임파서블'(불가능한 특수임무) 대신 더블딥이 '2차 대불황'으로 심화되는 것을 예방하는 방향으로 정책의 초점을 변경해야 한다고 주장하지요. 그러나 그가 제안하는 정책은 수량완화정책이 지지하는 적자재정정책, 나아가 정부·민간부채의 구조조정이므로, 더블딥의 발생이 곧 2차 대불황의 개시일지도 몰라요. 적자재정정책과 수량완화정책은 실물경제에 대한 효과가 미미하고 또 정부·민간부채의 구조조정도 실행가능성이 희박하다고 할 수밖에 없거든요.

국제경제연구소 소장 버그스텐의 정세 인식도 루비니와 대동소이합니다. 증시가 격동하는 것은 결국 미국경제가 더블딥을 향해 '비틀거리며 다가가고 있기'(is teetering close to) 때문이라는 것이에요. 적어도 앞으로 10년 동안 미국경제는 금융과 함께 이른바

'지식기반경제'의 또 다른 한 축을 구성하는 비즈니스서비스를 중심으로 수출주도성장을 달성해야 하고, 따라서 더블딥의 발생에 대비하는 '플랜 B'로 자신이 줄곧 제안해온 아시아태평양자유무역지대(FTAAP)의 건설이 필수적이라는 것이 그의 주장이에요.

버그스텐은 러시아처럼 중국도 잠재적 적성국(governments that may not always be our best friends)이므로 북한 핵문제 같은 안보문제에 대한 협력을 대가로 미국의 경제적 이익을 희생해서는 안 된다고 주장합니다. 그가 강조하는 것은 역시 위안의 평가절상인데, 2010년 6월 2년만에 중국이 변동환율제로 복귀했음에도 불구하고 위안은 아직도 최소한 20% 평가절하된 상태이고, 그 결과 달러는 최소한 10% 평가절상된 상태이기 때문이라는 것이지요.

유럽연합과 일본에 대해서는 기대할 것이 별로 없다는 것이 버그스텐의 주장입니다. 유럽연합은 '현재적 위기'(contemporary crisis)이자 '실존적 위기'(existential threat)를 경험하고 있는 상황이고, 일본은 1990-91년에 주식·부동산거품이 붕괴한 이후 '잃어버린 20년'에서 회복하지 못한 채 장기침체를 경험하고 있는 상황이거든요. 요컨대 유럽연합과 일본의 상황은 미국의 상황보다 못하면 못하지 나을 것이 없다는 것이지요.

3차 수량완화정책에 대한 전망

2011년 8월 9일의 연방공개시장위원회(FOMC)는 제로금리정책(ZIRP)을 '최소한 2013년 중반까지'(at least through mid-2013) 유지하겠다고 발표합니다. 2008년 12월에 제로금리정책을 발표하면서 사용한 '얼마 동안'(for some time)이라는 표현은 물론이고, 2009년 3월에 1차 수량완화정책의 구성을 조정하면서 사용한 '상당 기간 동안'(for an extended period)이라는 표현을 더욱 구체화하는 셈이에요. 2010년 8월의 잭슨홀 연설에서 이미 버냉키는 2차 수량완화정책을 예고하는 동시에 2009-10년 캐나다은행(BOC)의 전례에 따라 수량완화정책 대신 제로금리정책의 기한을 특정할 수도 있다고 지적한 바 있지요.

그러나 제로금리정책의 기한을 특정하는 문제에 대한 표결 결과는 만장일치가 아니라 버냉키를 포함하는 7명의 찬성과 플로서를 포함하는 3명의 반대입니다. 전자는 인플레이션에 대해 관대한 비둘기파, 즉 새케인즈주의자-신자유주의자이고, 후자는 인플레이션에 대해 완고한 매파, 즉 새고전파-신보수주의자이지요. 연방공개시장위원회에서 이렇게 3명씩이나 이견을 표출한 것은 1992년 이후 최초로 발생한 일대 사건이에요. 1명 정도가 이견을 표출한 적은 종종 있지만요.

어쨌든 연방공개시장위원회가 증시가 고대하던 3차 수량완화정책을 채택한 것은 아닌데, 그러나 그 예고로 해석할 수 있는 대목도 있습니다. 연준이 보유하고 있는 국채와 주택담보부증권의 원금을 재투자할 것이고, 또 대차대조표의 규모와 구성을 '적절한 시기에'(as/when appropriate) 조정할 준비가 되어 있다고 발표하거든요. 앞에서 설명한 것처럼, 대차대조표의 규모와 구성을 조정하는 것이 바로 수량완화정책이지요.

나아가 연방공개시장위원회는 '물가안정을 저해하지 않으면서도 더 강력한 경기회복을 촉진하기 위해 사용할 수 있는 다양한 정책도구들'(the range of policy tools available to promote a stronger economic recovery in a context of price stability)에 대해 검토했고, 또 이 정책도구들을 '적절한 시기에' 사용할 준비가 되어 있다고 발표하기도 합니다.

수량완화정책 이외의 정책도구들에 대해서는 역시 2010년 8월의 잭슨홀 연설에서 버냉키가 설명한 적이 있습니다. 가장 유력한 것은 2008년 10월부터 부실자산구제계획의 일환으로 실행된 0.25%의 지준금리를 0%로 인하하는 정책이에요. 또 인플레이션율의 목표치를 2%에서 3-4%로 인상할 수도 있지요. 그러나 2000년에 일본은행의 통화정책을 비판하면서 자신이 제안한 바 있는 이 정책이 현재 미국의 상황에서는 적절하지 않다는 것이 버냉키의 주장이에요. 인플레이션 매파의 반대도 문제이지만, 인플레이션으로 인해 국채가격과 달러가치가 하락할 수도 있다는 것이지요.

미디어에서 거론되는 '오퍼레이션트위스트'(operation twist)는 공개시장에서 단기국채를 매각하고 장기국채를 구매함으로써 단기국채의 가격을 하락시키고 장기국채의 가격을 상승시키는 조작, 달리 말해서 단기이자율을 상승시키고 장기이자율을 하락시키는 공개시장조작입니다. 국채의 '수익률곡선'(yield curve), 즉 만기에 따른 이자율곡선은 오른쪽 위로 상승하는데, 만기가 길어질수록 리스크프리미엄도 커지기 때문이에요. 오퍼레이션트위스트로 인해 수익률곡선의 위치가 변화하는 동시에 기울기가 하락하므로 이런 이름이 붙여진 것인데, 공개시장조작(open market operation)을 통해 수익률곡선의 '방향을 바꾼다'(twist)는 뜻이지요.

공개시장조작의 변종으로서 오퍼레이션트위스트는 1961-64년에 이미 케네디 정부가 실행한 적이 있습니다. 또 이번에 연준도 실행한 적이 있고요. 앞에서 설명한 것처럼, 연준이 보유한 국채는 2007년 7월의 0.78조달러에서 2008년 6월의 0.48조달러로 감소하다가 2009년 10월의 0.78조달러로 증가하는데, 처음에는 단기국채를 매각하고 나중에는 장기국채를 구매하거든요. 물론 이번에는 단기이자율이 상승하지 않는데, 제로금리정책 때문이지요.

8월 26일에 열린 잭슨홀회의의 개회연설에서 버냉키는 이번 연방공개시장위원회의 발표를 거의 그대로 반복하고 있습니다. 9월 20-21일 이틀로 예정된 다음 연방공개시장위원회에서 추가적 통화완화정책을 위한 정책도구들에 대한 '더 충분한 검토'(a fuller discussion)가 필요하다는 것이에요. 방금 설명한 것처럼, 이 정책도구들은 수량완화정책이나 제로지준금리정책, 아니면 오퍼레이션트위스트이지요.

이번 잭슨홀 연설에서 가장 주목할 만한 대목은 오히려 재정정책에 대한 것입니다. 재정위기의 가능성을 언급하면서 조세 및 재정지출의 개혁을 통해 노동과 저축의 인센티브를 증가시킴으로써 경제성장을 촉진해야 한다고 주장하거든요. 크루그먼의 주장과 달리, '기존의 성장추세만으로 [사회보장지출과 건강보험지출로 인한] 재정불균형이라는 문제를 해결할'(grow its way out of [the] fiscal imbalances) 수 없다는 것이에요. 버냉키는 2009년 3월에 금융위기가 완화되자 줄곧 경제성장 및 인구변천(demographic transition)의 맥락에서 재정정책의 지속불가능성을 경고한 바 있지요.

재정정책의 개혁을 통한 경제성장의 촉진이 국채비중의 하락을 통해 재정위기를 해결하는 방법이라는 것이 버냉키의 주장입니다. 앞에서 설명한 것처럼, 적자재정정책을 지지하는 수량완화정책은 국채를 화폐화하지요. 또 『2007-09년 금융위기 논쟁』에서 설명한 것처럼, 국채의 화폐화를 통해 국채비중을 하락시킬 수 있는 것은 '인플레이션 조세' 때문이에요. 그런데 일본은행처럼 연준도 인플레이션을 발생시키지 못합니다. 또 그럴 수 있다고 하더라도, 국채만기가 단축된 상황에서 국채비중을 하락시키는 데는 한계가 있고요. 따라서 국채비중의 하락을 통한 재정위기의 해결을 위해서는 재정정책의 개혁을 통한 경제성장의 촉진이 필요하다는 것이에요.

9월 8일 의회 상하원합동회의연설에서 오바마 대통령은 4470억달러 규모의 감세와 재정지출로 구성되는 미국일자리법안(AJA), 즉 3차 적자재정정책을 제안합니다. 7870억달러 규모의 재정지출과 감세로 구성되는 2009년 2월의 1차 적자재정정책이나 8580억달러 규모의 감세만으로 구성되는 2010년 12월의 2차 적자재정정책과 비교하면, 이번 3차 적자재정정책의 규모가 대폭 축소된 것을 알 수 있지요. 그럼에도 불구하고 현재의 상황에서 미국일자리법안이 의회를 통과할 수 있을지는 불확실한 것이에요.

어쨌든 9월 20-21일에 열린 연방공개시장위원회는 3차 수량완화정책을 채택하지 않습니다. 대신 연준이 보유하는 국채의 '만기연장계획'(MEP), 즉 오퍼레이션트위스트를 발표하지요. 2012년 6

월까지 잔여만기 6년 이상의 국채 0.4조달러를 구매하고 잔여만기 3년 이하의 국채 0.4조달러를 매각하여 연준이 보유하는 국채의 만기를 75개월에서 100개월로 연장하겠다는 것이에요. 회계연도(그 전해 10월부터 그 해 9월까지) 기준으로 재무부가 발행한 국채의 만기는 2008-09년 말의 49개월에서 2010년 말의 57개월로 연장되다가, 2011년 2/4분기 말에 58개월, 3/4분기 말에 59개월로 연장되어 2006-07년 말 수준을 회복하지요.

연방공개시장위원회의 이번 발표에는 또 다른 사항도 있습니다. 주택담보부증권의 원금을 국채가 아니라 주택담보부증권에 재투자하겠다는 것인데, 여전히 침체 중인 주택시장을 부양할 필요가 있기 때문이에요. 이번 표결 결과에 대해서도 역시 인플레이션 매파 3인이 반대하지요.

그런데 연방공개시장위원회가 3차 수량완화정책을 채택하지 않은 것이 단지 인플레이션 매파의 반대 때문만은 아니라는 데 주목해야 합니다. 사실 3차 수량완화정책은 연준이 사용할 수 있는 마지막 정책도구이거든요. 물론 제로지준금리정책을 채택하거나 경우에 따라서는 인플레이션율의 목표치를 인상할 수도 있겠지요. 그러나 연준의 '최종병기'는 역시 3차 수량완화정책이라고 할 수 있어요. 따라서 더블딥의 징후가 좀 더 분명해지는 2012년까지 3차 수량완화정책의 실행을 연기할 가능성이 높아요. 또 2012년에는 오바마 대통령이 재선에 도전하고, 게다가 연방공개시장위원회의 구성도 비둘기파에게 절대적으로 유리하게 변경되거든요.

8-9월의 금융시장은 아주 불안정합니다. 다우존스가 10700과 11600 사이에서 요동치는 롤러코스터 장세가 전개되거든요. 또 금값은 8월에 1600달러에서 1900달러로 급등하다가 9월에는 1900달러에서 1600달러로 급락하지요. 또 9월 말에 루비니는 올해 안에 미국과 유럽연합에서 더블딥이 발생할 가능성이 더욱 높아졌다고 주장합니다. 일본에 대해서는 별다른 언급 없이, 중국의 경착륙은 내년의 정권교체로 인해 내후년까지 연기될 것으로 예상하고요.

2012년 1/4분기 정세분석

「2010-11년 정세분석」(『사회과학 비판』, 공감, 2011; 이 책에 다시 실림) 이후에 전개된 경제정세를 2012년 4월 현재 미국을 중심으로 간단하게 분석해보겠습니다.

'더블딥'에 대한 전망

「2010-11년 정세분석」에서 설명한 것처럼, 2010년 하반기부터 경기회복세가 둔화되면서 '더블딥'(double dip, 이중침체)의 우려가 점차 제고됩니다. 2010년 11월부터 2011년 6월까지 2차 수량완화정책(QE2)이 실행된 이후의 주요 경제지표, 즉 다우존스, 실업률, 주택가격의 케이스-실러지수는 다음과 같아요.

다우존스는 미국과 유럽연합의 재정위기에 대한 우려가 제고되면서 2011년 8-9월에 10700과 11600 사이에서 요동칩니다. 그러나 10월부터 상승세를 지속하면서 2012년 1월에 전(前)고점인 2011년 7월의 12700을 돌파하지요. 또 3월에는 13300까지 상승하면서 역사적 고점인 2007년 10월의 14100에 접근하고요.

실업률도 얼마간 개선되어 2011년 6-8월의 9.1%에서 2012년 3월의 8.2%로 하락합니다. 또 이번 금융위기 이후 줄곧 7%포인트를 유지하던 공식실업률(U-3)과 비공식실업률(U-6), 즉 비정규직과 실망실업자를 포함하는 실업률의 격차도 처음으로 6%포인트까지 하락하고요. 그러나 실업률과 그 격차의 하락세가 분명한 것이 아닌데, 조금 이따가 다시 설명하겠어요.

반면 케이스-실러지수(2개월 시차)는 2011년 5-7월의 154에서 2012년 1월의 149로 하락합니다. 2010년 하반기 이후의 하락세가 지속된다는 것인데, 그 결과 전(前)저점인 2009년 5월의 152를 하회하게 되지요. 증권시장과 달리 주택시장은 여전히 침체 중이라는 사실에 주목할 필요가 있어요.

「2010-11년 정세분석」에서 설명한 것처럼, 2011년 6-8월에 루비니는 2012-13년에 더블딥이 발생할 가능성이 1/3 내지 1/2이라고 예상합니다. 국제경제연구소(IIE) 소장 버그스텐의 정세 인식도 루비니와 대동소이한데, 미국경제가 더블딥을 향해 '비틀거리며 다가가고 있다'(is teetering close to)는 것이지요. 더블딥의 발생은 곧 '2차 대불황'의 개시라고 해석할 수 있어요.

연방준비제도(Fed, 연준)는 여전히 더블딥에 대비하고 있습니다. 2012년 1월 25일에 연방공개시장위원회(FOMC)는 제로금리정책을 '최소한 2014년 말까지'(at least through late 2014) 유지하겠다고 발표하지요. 2011년 8월 9일의 발표와 비교하면, 반 년만에 1년 반을 연장한 셈이에요. 이번 결정에는 찬성이 9명이고 반대는 1명입니다. 즉 인플레이션 매파가 3명에서 1명으로 감소하고 비둘기파는 7명에서 9명으로 증가한 것이에요.

연방공개시장위원회의 발표에는 주목할 사항이 또 하나 있습니다. 먼저 인플레이션율의 목표치(장기균형인플레이션율)를 2%로 명시하지요. 반면 실업률의 목표치(장기균형실업률)는 명시하지 않는데, 대신 비공식적으로 5-6%로 추계한다고 발표합니다. 금융위기 이전의 5%에서 최대 1%포인트를 인상한 셈이에요.

3월 13일에 연준은 19개 대형은행에 대한 3차 스트레스테스트, 즉 2009년의 감독자본평가계획(SCAP)과 2011년의 비공개 1차 종합자본분석평가(CCAR)에 이은 2차 종합자본분석평가의 결과를 발표합니다. 씨티그룹과 메트라이프를 포함하는 4개 대형은행이 불합격인데, 메트라이프는 1차 스트레스테스트에서 모건스탠리 대신 6대 은행으로 진입한 적이 있지요.

이번 스트레스테스트는 2012-13년에 더블딥이 발생한다는 시나리오를 전제하고 있다는 데 특징이 있습니다. 즉 유럽과 함께 아시아(중국)에서도 침체가 재발함으로써 미국의 주가는 50% 하락하고, 주택가격은 20% 하락하며, 실업률은 13%로 상승한다는 시나리오가 그것이에요.

3월 26일의 경영경제학회 연례총회의 연설에서 연준이사회 의장 버냉키는 실업률에 대한 우려를 표명합니다. 2011년의 비정상적 하락세는 2009년의 비정상적 상승세에 대한 조정일 따름이라는 것이에요. '오쿤의 법칙', 즉 실업률변화량과 경제성장률 사이의 경험법칙의 관점에서 볼 때, 2008년과 2010년의 실업률은 정상적이지요. 그러나 2009년에 실업률이 비정상적으로 상승한 반면 2011년에는 비정상적으로 하락한다는 것이에요. 좀 더 자세한 설명은 보론을 참조하세요.

1930년대 대불황의 사례를 볼 때, 경기가 완전히 회복되는 시점은 국민소득이 단순히 위기 이전의 수준을 회복할 때가 아니라 추세선을 회복할 때입니다. 1929년 8월부터 경기가 침체된 다음 국민소득은 1936년에 1929년 수준을 회복하지요. 그런데 1937년에 재무부와 연준이 출구전략을 실행하면서 1938년에 더블딥이 발생합니다. 1939년에 2차 세계전쟁이 발발하고 1941년에 참전을 결정한 다음 1942년에 비로소 추세선을 회복하고요. 따라서 대불황은 1929년부터 1941년까지 지속되는 것이에요. 이번 금융위기에서는 2011년에 2007년 수준을 회복합니다. 따라서 아직도 경기가 완전히 회복된 것은 아닌데, 좀 더 자세한 설명은 역시 보론을 참조하세요.

이렇게 더블딥과 2차 대불황에 대한 우려가 지속되는 상황에서 미-중간 경제적 갈등이 폭발할 가능성도 점차 제고되고 있습니다. 특히 위안화의 평가절하가 핵심적 쟁점이라고 할 수 있지요. 그 결과 동아시아의 군사정세도 새로운 국면으로 진입하고 있는데, 조금 이따가 설명하겠어요.

중국인민은행(PBOC)은 2005년 7월에 고정환율제를 폐지하고 변동환율제를 채택합니다. 그러나 금융위기가 폭발하면서 2008년 9월에 고정환율제로 복귀하지요. 미국 재무부가 '환율조작국'으로 지정하겠다는 압력을 지속하자 2010년 6월에 변동환율제로 복귀하고요. 그간의 평가절하로 인해 외환보유액은 계속 증가하여 2011년 6월에 3.2조달러에 도달하고, 그 후에는 안정세를 유지합니다. 비교하자면, 1조달러를 돌파한 것은 2006년 10월이고, 2조달러를 돌파한 것은 2009년 4월이에요.

그런데 외환보유액이 이렇게 급증한 것과 달리 무역흑자는 급격하게 감소합니다. 이 때문에 올해 들어와 국제경제연구소에서 '세계적 불균형'(global imbalance)의 원인으로서 위안화의 평가절하를 둘러싸고 논쟁이 전개되는 것이에요. 버그스텐 등은 여전히 강경한 입장을 유지하는 반면 클라인 등은 얼마간 온건한 입장으로 변화하고 있거든요.

1978년 개혁·개방을 시작한 이후 중국은 무역적자를 지속합니다. 그러다가 1990년대에 비로소 무역흑자로 전환하는데, 그러나 그 규모는 미미하지요. 2001년 12월에 세계무역기구(WTO)에 가입하면서 무역흑자가 급증하고 개혁·개방도 국제적으로 주목받기 시작하는 것이에요. 물론 1997-98년 동아시아 경제위기를 활용하면서 어부지리를 획득한 것으로 해석할 수도 있어요. 어쨌든 중국의 국민소득 대비 무역흑자비중은 2001년에 1%에서 출발하여 2007년에는 10%에 도달합니다. 그러다가 2009년에 5%, 2011년에는 3%로 급락하지요. 비교하자면, 미국의 무역적자비중은 2006년에 6%에 도달하고 2009년에 3%로 급락합니다. 그 후에는 안정세를 유지하고요.

클라인 등은 중국의 무역흑자비중이 급락한 것을 2005년 이후에 위안이 25-30% 평가절상된 효과라고 해석합니다. 2011년에 미국의 무역적자비중 3%와 균형을 달성한 중국의 무역흑자비중 3%는 지속가능한 수준이라는 주장이지요. 반면 버그스텐 등은 중국의 무역흑자비중이 급락한 것을 2009년 경기침체의 효과이자 2011년 더블딥에 대한 우려의 효과라고 해석합니다. 여전히 위안은 평가절하된 상태인 반면 달러는 평가절상된 상태라는 주장이에요.

버그스텐 등의 주장은 달러가치가 역사적 저점, 즉 1978년 말과 1995년 중엽의 수준보다 낮은 수준으로 하락해야 한다는 의미이기도 합니다. 2002년 이후 하락세를 지속하던 달러가치는 2008년 3-7월에 역사적 저점에 도달하지요. 금융위기 이후에도 두 번이나 역사적 저점에 도달하고요. 먼저 금융위기가 폭발한 8월부터 상승세로 반전되다가 금융위기가 얼마간 완화된 2009년 4월부터 하락세로 복귀하여 2010년 말에 역사적 저점에 도달합니다. 또 2011년 상반기까지 하락세를 지속하다가 하반기에 반등하여 2011년 말에 역사적 저점에 도달하는데, 그 후에는 안정세를 유지하지요.

금값은 달러가치와 거의 정반대로 변동합니다. 2002년부터 상승세를 지속하던 금값은 2008년 3월에 온스당 1000달러를 돌파하지요. 금융위기 이후에도 상승세를 유지하고요. 먼저 금융위기가 폭발하자 11월에 700달러까지 하락하다가 2009년 2월에 1000달러로 반등하고 2010년 말에는 1400달러를 돌파합니다. 또 2011년 상반기에도 상승세를 지속하여 2011년 7월에 1600달러를 돌파하고 8-9월에 1600달러와 1900달러 사이에서 변동하는데, 그 후에는 1600-1800달러로 변동폭이 얼마간 축소되지요.

마지막으로 2011년 하반기부터 심화되기 시작한 유럽연합의 재정위기는 올해 들어와서 얼마간 완화됩니다. 그러나 재정위기를 해결하는 것은 여전히 요원하다고 할 수밖에 없어요. 문제는 화폐동맹(MU)에 재정동맹(FU)을 추가하는 것이 생각처럼 쉽지 않은 일이라는 사실에 있거든요.

먼저 화폐동맹은 민족통화를 공동통화로 대체하면서 통화주권을 양도하는 '통화대체'(currency substitution)의 일종입니다. 또 다른 종류로는 1990년대 아르헨티나처럼 공동통화 대신 아예 달러를 사용하는 '달러공용화'(dollarization)가 있고요. 독일은 안정및성장에관한협정(SGP)을 무시하고 남유럽(PIGS)을 화폐동맹에 가입시킴으로써 경제적 의미에서 제국주의·식민주의로 전환합니다. 그 결과 통일비용으로 인해 장기불황에 진입할 수밖에 없었던 독일은 거품경제 붕괴 이후의 일본과 달리 성장세를 회복하지요. 재정동맹을 추가하여 재정주권까지 양도받을 수만 있다면, 독일이 제국주의·식민주의로의 전환을 완성하는 것은 시간 문제라고 할 수 있어요.

미국의 사례를 참조할 수도 있습니다. 미국은 독립전쟁 이후 내내 재정동맹 없는 화폐동맹을 유지하다가 1930년대 대불황 이후에야 비로소 재정동맹을 추가하거든요. 물론 역사적 유비일 따름이지만, 화폐동맹과 재정동맹을 결합하는 것이 얼마나 곤란한 일인지 알 수 있는 대목이지요. 게다가 미국과 달리 유럽연합은 국가가 아니므로, 화폐동맹과 재정동맹을 결합할 수 있는 조건이 아예 존재하지 않는다고 할 수 있어요. 미국은 독립전쟁 이후 이미 (민족)국가를 형성한 반면 유럽연합은 아직도 (초민족)국가라고 부를 수 없거든요.

'태평양으로의 선회'

경제정세의 새로운 특징은 더블딥과 2차 대불황에 대한 '플랜 B'가 점차 구체화된다는 데 있습니다. 달리 말해서 1990년대 이후에 본격화된 금융세계화와 군사세계화의 종언 이후에 대한 대책이 출현한다는 것이에요. 이 대목에서 버그스텐의 지론에 주목해야 하는데, 「2010-11년 정세분석」에서 설명한 것처럼, 그 핵심은 아시아태평양경제협력체(APEC)를 아시아태평양자유무역지대(FTAAP)로 전환해야 한다는 데 있지요.

2011년 11월에 하와이에서 개최된 아시아태평양경제협력체 정상회의를 전후로 힐러리 국무장관은 '미국의 태평양세기'(America's Pacific Century)를 선언하고 '태평양으로의 선회'(pivot toward/to the Pacific)를 주장합니다. 2011년에 완료된 이라크 철군과 2014년에 완료될 아프가니스탄 철군을 계기로 유럽을 중시하던 부시 정부의 대서양정책을 아시아를 중시하는 오바마 정부의 태평양정책으로 전환해야 한다는 것이에요.

태평양정책은 대서양정책에 대한 대안이 본토로 귀환하는 고립주의일 수 없다는 의미입니다. 또 서아시아에서의 철군도 국제주의의 축소가 아니라 확대라는 의미이고요. 태평양정책이 포괄하는 지정학적 범위는 캘리포니아-하와이(미국), 동아시아(일본-남한)에서 동남아시아(인도네시아), 남아시아(인도), 오세아니아(大洋洲, 오스트레일리아)까지인데, 쉽게 말해서 중국을 포위하는 셈이에요. 또 서아시아를 유럽이 아니라 한-미-일, 즉 버그스텐이 말하는 주요3개국(G3)과 연결하는 것이기도 하고요.

힐러리는 태평양으로 선회하는 이유가 경제 문제의 해결에 있다는 사실도 지적합니다. 부시 정부와 달리 오바마 정부는 '경제적 치국'(economic statecraft)에 주목하는데, 쉽게 말해서 태평양에서 중국의 부상으로 인한 세력균형의 교란에 대한 조정(rebalancing)을 시도한다는 것이지요. 또 버냉키도 2011년 9월의 연설에서 새삼 자유무역협정(FTA)과 워싱턴 컨센서스의 중요성을 강조합니다. 둘 다 버그스텐의 주장과 친화성을 갖는다고 해석할 수 있겠지요.

이런 관점에서 오바마 정부의 새로운 군사정책에도 주목해야 합니다. 핵심은 'A2/AD' 개념인데, 'A2'는 'Anti-Access', 즉 작전지역으로의 접근을 제한한다는 의미이고, 'AD'는 'Area Denial', 즉 작전지역내 작전수행능력을 제한한다는 의미이지요. 쉽게 말해서 중국·북한·이란 등이 '세계적 공유지'(global commons)인 황해(서해)·남중국해·인도양·페르시아만(걸프만) 등에서의 미군의 작전을 방해한다는 것이에요.

이에 대한 대응으로 2012년 1월에 미국 국방부는 해·공합동군의 '합동작전접근개념'(JOAC), 좀 더 구체적으로 말해서 '해상·공중전'(ASB, Air-Sea Battle) 개념을 제시합니다. 해·공합동군의 해상·공중전은 육·공합동군의 '지상·공중전'(ALB, AirLand Battle), 즉 2차 세계전쟁에서 연합국이 채택하고 전후에 북대서양조약기구(NATO)가 채택한 바 있는 기존의 개념을 대체하는 새로운 개념이지요. 한마디로 말해서 미국의 주력군이 육·공군에서 해·공군으로 변화한다는 것이에요.

이런 맥락에서 2012년으로 예정되었던 전시작전통제권의 반환이 2010년 6월의 한-미정상회의에서 2015년으로 연기된 것은 우연이 아니라고 할 수 있습니다. 먼저 전시작전통제권의 반환은 애당초 육군에만 해당되었고 해군과 공군은 대상이 아니었다는 데 주목해야 하지요. 나아가 2015년에 완공될 평택기지에 신설되는 한국사령부는 진주만의 태평양사령부에서 독립한 일곱 번째 지역사령부입니다. 전시작전통제권의 반환에 따라 한-미연합사령부를 대체할 한국사령부는 평택의 8군과 오산의 7공군의 작전은 물론이고 전시에는 요코스카의 7함대의 작전도 통제하지요.

또 2010년 3월의 천안함 침몰과 11월의 연평도 포격도 우연이 아니라고 할 수 있습니다. 미국의 군사정책의 변화에 대해 북한과 중국이 나름대로 대응한 것이라고 해석할 수 있거든요. 만일 이런 해석이 타당하다면, 북한과 중국의 대응은 결과적으로 미국에게 빌미를 제공했을 따름이에요. 연평도 포격 직후 서해에서 수행된 한-미연합훈련에 7함대의 핵추진항공모함 조지워싱턴이 최초로 참여하거든요. 나아가 2011년에 이라크 철군이 완료되면서 방금 설명한 대로 새로운 군사정책이 구체화되기 시작하고요.

보론: 오쿤의 법칙

버냉키가 사용한 오쿤의 법칙은 『현대경제학 비판』(공감, 2011)에서 설명한 오쿤의 법칙과 약간의 차이가 있습니다. 후자는 국민소득갭과 실업률갭 사이의 관계인 반면 전자는 실업률변화량과 경제성장률 사이의 관계이거든요. 오쿤의 법칙은 물론 인과관계가 아니라 상관관계일 따름이지요.

『현대경제학 비판』에서 설명한 오쿤의 법칙은 다음과 같은데, 양변의 단위가 %라는 데 주의해야 합니다.

$$\frac{Y_f - Y}{Y_f} = 2(u - u_f).$$

달리 말해서 국민소득갭, 즉 잠재국민소득(완전고용국민소득 또는 장기균형국민소득) Y_f와 현실국민소득(단기국민소득) Y의 차이와 Y_f의 비율이 실업률갭, 즉 현실실업률(단기실업률) u와 '인플레이션이 가속화되지 않는 실업률'(NAIRU, 완전고용실업률 또는 장기균형실업률) u_f의 차이의 2배라는 것이에요.

양변에 -1을 곱하면,

$$-1 + \frac{Y}{Y_f} = -2u + 2u_f.$$

u_f가 불변일 경우, 양변의 변화량은 다음과 같아요.

$$\Delta \frac{Y}{Y_f} = -2\Delta u.$$

$Y \approx Y_f$, 즉 $Y/Y_f \approx 1$이라고 가정할 수 있으므로,

$$\frac{\Delta Y/Y_f}{Y/Y_f} \approx -2\Delta u.$$

좌변은 Y/Y_f의 성장률이므로, 분수의 성장률공식에 의해,

$$\frac{\Delta Y}{Y} - \frac{\Delta Y_f}{Y_f} \approx -2\Delta u.$$

좌변의 첫 번째 항은 경제성장률 $g \equiv \Delta Y/Y$이고 두 번째 항은 잠재성장률 $g_f \equiv \Delta Y_f/Y_f$, 즉 미국경제의 경우 3%이므로,

$$g - 3 \approx -2\Delta u,$$
$$\Delta u \approx \frac{3}{2} - \frac{1}{2}g.$$

실업률변화량 Δu와 경제성장률 $g \equiv \Delta Y/Y$ 사이의 관계로 변형된 이 식이 버냉키가 사용한 오쿤의 법칙이에요.

버냉키는 1990년부터 잠재성장률 $g_f \equiv \Delta Y_f/Y_f$가 2%로 하락했다고 가정하고 오쿤의 법칙 $\Delta u \approx 1 - g/2$를 아래 그래프로 표현합니다.

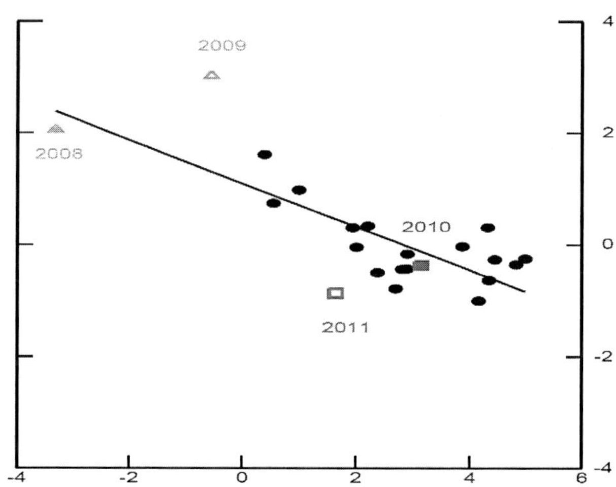

이제 더블딥이 발생하지 않는다고 가정하고 경기가 완전히 회복되는 시점을 예측해보겠습니다. 먼저 2007년의 국민소득을 Y_0라고 하면, 다음과 같이 t년 후의 잠재국민소득을 구할 수 있지요.

$$Y_f = (1+g_f)^t Y_0 \approx (1+tg_f)Y_0.$$

이 근사식은 이항전개 $(a+b)^n = a^n + na^{n-1}b + \cdots + {}_nC_k a^{n-k}b^k + \cdots + b^n$의 처음 두 항을 이용한 것이에요. 또 2011년에 2007년의 국민소득을 회복했으므로, t년 후의 현실국민소득은 다음과 같지요.

$$Y = (1+g)^{t-4} Y_0 \approx (1+(t-4)g)Y_0.$$

$g > g_f$일 경우,

$$\begin{gathered} Y = Y_f, \\ (1+(t-4)g)Y_0 = (1+tg_f)Y_0, \\ (t-4)g = tg_f, \\ (g-g_f)t - 4g = 0, \\ t = \frac{4g}{g-g_f} = \frac{4}{1-g_f/g}. \end{gathered}$$

오차를 축소하려면 근사식에서 세 번째 항, 즉 g_f와 g의 2차항까지 고려해야 합니다.

$$\begin{gathered} Y_f = (1+g_f)^t Y_0 \approx \left(1+tg_f+\frac{t(t-1)}{2}g_f^2\right)Y_0, \\ Y = (1+g)^{t-4} Y_0 \approx \left(1+(t-4)g+\frac{(t-4)(t-5)}{2}g^2\right)Y_0. \end{gathered}$$

역시 $g > g_f$일 경우, $Y = Y_f$에서

$$(t-4)g+\frac{(t-4)(t-5)}{2}g^2=tg_f+\frac{t(t-1)}{2}g_f^2,$$
$$(g^2-g_f^2)t^2+(g(2-9g)-g_f(2-g_f))t-4g(2-5g)=0.$$

$g>g_f$이므로 2차항의 계수는 플러스이고, g는 기껏해야 10%이므로 $2-5g>0$에서 상수항은 마이너스이지요. 따라서 근과 계수의 관계에서 플러스 근과 마이너스 근이 존재함을 알 수 있어요. 근의 공식을 이용하여 플러스 근을 구하면 다음과 같지요.

$$t=\frac{-(g(2-9g)-g_f(2-g_f))+\sqrt{D}}{2(g^2-g_f^2)},$$
$$\text{단, } D=(g(2-9g)-g_f(2-g_f))^2+16g(2-5g)(g^2-g_f^2)>0.$$

그러나 너무 복잡하여 공식으로 사용하는 데 실익이 별로 없으므로, 앞에서 구한 훨씬 간단한 공식을 사용하겠어요.

버냉키처럼 잠재성장률 g_f가 2%로 하락했다고 가정할 경우 t는 다음과 같습니다.

$$t=\frac{4}{1-g_f/g}=\frac{4}{1-0.02/g}.$$

따라서 경제성장률 g가 4%이면 $t=8$이므로, 경기가 완전히 회복되는 것은 2015년이에요. 1월의 연방공개시장위원회가 제로금리정책을 최소한 2014년 말까지 유지하겠다고 발표한 것은 이 때문이라고 해석할 수 있겠지요.

그런데 금융위기 이후에도 경제성장률 g가 4%라고 가정하는 데는 문제가 있습니다. 1991년 2/4분기부터 2000년 4/4분기까지 총39분기 중 경제성장률이 3%를 초과한 것은 25개 분기인 반면 2001년 4/4분기부터 2007년 4/4분기까지 총25분기 중에는 9개 분기이고 또 3%인 2개 분기까지 포함하더라도 11개 분기에 불과하거든요. 금융위기 이후의 경기는 1990년대의 경기보다는 오히려 2000년대의 경기와 유사할 것이므로 경제성장률이 4%라고 가정하는 것은 비현실적이라는 것이에요.

따라서 경제성장률이 3%라고 가정하면 $t=12$이므로, 경기가 완전히 회복되는 것은 2019년입니다. 실제로 1월의 연방공개시장위원회는 2019-20년에 비로소 경기가 완전히 회복되어 완전고용이 달성될 것으로 예상하고 있고요. 달리 말해서 더블딥이 발생하지 않는다고 가정하더라도 경기침체는 2007년부터 2018-19년까지 12-13년 동안 지속된다는 것이에요.

앞에서 설명한 것처럼, 1차 대불황은 1929년부터 1941년까지 13년 동안 지속됩니다. 더블딥이 발생한 1938년을 제외한다면 12년 동안 지속되는 셈이고요. 경기가 완전히 회복되는 기간을 고려하면, 더블딥이 발생하지 않더라도 이미 2차 대불황이 시작되었다는 것이에요. 물론 침체의 폭에는 얼마간 차이가 있는데, 예를 들어 1차 대불황에서 실업률은 25%까지 상승한 반면 2차 대불황에서는 그 2/3인 17%까지 상승했거든요.

2012년 2/4분기 정세분석

2012년 2/4분기 경제정세를 7월 현재 미국과 유럽연합(EU)을 중심으로 간단하게 분석해보겠습니다.

'재정절벽'에 대한 전망

12100과 13300 사이에서 변동한 다우존스는 2011년 7월의 12700을 유지한 셈이고, 달러가치의 안정세를 반영하여 온스당 1550달러와 1650달러 사이에서 변동한 금값도 역시 2011년 7월의 1600달러를 유지한 셈입니다. 또 1월에 149까지 하락하던 케이스-실러지수(2개월 시차)는 5월에 153으로 상승한 반면 4월에 8.1%까지 하락하던 실업률은 5-6월에 8.2%로 상승하면서 3월에 6.3%포인트로 축소되던 공식실업률(U-3)과 비공식실업률(U-6)의 격차도 6월에 6.6%포인트로 확대되지요. 따라서 경제지표상으로는 뚜렷한 경기회복세를 발견할 수 없다는 것이 특징이라면 특징이에요.

2/4분기 정세분석의 쟁점은 역시 내년 초로 예상되는 이른바 '재정절벽'(fiscal cliff), 즉 적자재정이 급감하는 사태와 관련됩니다. 먼저 2001년 경제성장·조세경감조정법(EGTRRA)과 2003년 고용·

성장·조세경감조정법(JGTRRA)으로 부시 정부가 실행한 감세가 종료되는데, 2010년 말부터 오바마 정부가 실행한 8580억달러 규모의 2차 적자재정정책의 절반은 부시 감세를 2012년 말까지 연장하는 것이었어요. 또 2011년 7월에 민주당과 공화당이 국채상한의 증액에 합의하는 조건으로 통과시킨 예산통제법(BCA)에 따라 내년 초부터 재정지출의 자동삭감(automatic sequestration)이 시작되지요.

재정절벽의 규모는 국민소득의 5%로 추정됩니다. 여전히 경기회복세가 분명치 않은 상황에서 이렇게 적자재정의 규모가 급감한다면 내년에 더블딥(double dip, 이중침체)이 발생할 것은 쉽게 예상할 수 있는 일이겠지요. 그런데 연말의 대통령선거를 앞두고 민주당과 공화당은 재정절벽에 대한 상반된 처방을 제시하고 있어요. 민주당은 증세에 찬성하면서 지출삭감에는 반대하는 반면 공화당은 지출삭감에 찬성하면서 증세에는 반대하거든요.

국제경제연구소(IIE) 연구원 클라인은 재정절벽에 대한 처방을 제시하기 전에 먼저 그 구성에 주목해야 한다고 주장합니다. 5%의 재정적자 가운데 3%는 구조적 요인과 관련되고 나머지 2%는 순환적 요인과 관련되는데, 재정정책의 지속가능성을 위해 해결해야 할 문제는 후자를 제외한 전자뿐이라는 것이 핵심이지요. 나아가 더블딥이 우려되는 상황에서는 당장 내년이 아니라 차기 대통령의 임기 4년 동안에 걸쳐 점진적으로 문제를 해결해야 한다는 것이에요.

오바마 정부가 제시하는 증세 방안에 결함이 있다는 클라인의 지적에도 주목할 필요가 있습니다. 오바마 정부는 연간소득 25만달러에 미달하는 98%의 가계에 대해서는 부시 감세를 유지하는 대신 연간소득이 100만달러를 초과하는 부자의 초과소득에 대해 최소 30%의 세율을 적용한다는 이른바 '버핏룰', 쉽게 말해서 부자증세를 채택하지요. 그러나 부자 증세가 부시 감세에 대한 대안일 수는 없는데, 후자가 국민소득의 0.9%인 반면 전자는 0.03%일 따름이거든요. 부시 감세의 1/30에 불과한 버핏룰이 타당한 대안일 수 없으므로, 증세를 위해서는 부시 감세를 폐기할 수밖에 없어요.

6월 20일의 연방공개시장위원회(FOMC)는 오퍼레이션트위스트를 '현재의 속도로'(at the current pace) 연말까지 연장하겠다고 발표합니다. 지난 9개월 동안 실행된 오퍼레이션트위스트의 규모가 4000억달러이므로 앞으로 6개월 동안 그 2/3인 2667억달러 규모의 오퍼레이션트위스트를 실행하겠다는 것이지요. 이번 결정에서 반대는 1명인 반면 찬성은 9명에서 11명으로 증가하는데, 그 동안 공석이던 연방준비제도(Fed, 연준) 이사회 몫으로 두 명이 충원되었기 때문이에요.

그런데 2010-11년의 2차 수량완화정책(QE2)이 불충분하다고 주장해온 국제경제연구소 연구원 가뇽은 연준이 곧 3차 수량완화정책(QE3)을 채택해야 한다고 주장합니다. 내년에 버그스텐의 후임으로 국제경제연구소 소장직을 승계할 포젠도 대동소이한 입장이고요. 내년 초에 재정절벽이 출현하고 게다가 국채상한이 또다시 문제가 된다면, 연준이 조만간 3차 수량완화정책이라는 '최종병기'를 동원할 것은 거의 확실한 일이라고 할 수 있겠지요.

유럽연합의 재정위기에 대한 전망

작년 중반에 이미 그리스와 포르투갈의 재정위기가 스페인과 이탈리아로 전염될 가능성이 제고됩니다. 또 올해 초에는 유럽연합에서 더블딥이 발생하고요. 이렇게 재정위기가 심화되는 동시에 더블딥이 발생하면서 프랑스와 그리스의 선거에서 긴축재정의 타당성이라는 쟁점이 제기된 것이지요.

프랑스의 4-5월 대선과 6월 총선에서는 지출삭감을 주장한 사르코지 정부에서 증세를 주장한 올랑드 정부로의 정권교체가 발생합니다. 그러나 그럼에도 불구하고 이번 선거는 진정한 의미에서 대선이나 총선이 아니라 오히려 일종의 국민투표라고 할 수 있어요. 이른바 '정권심판론'이라는 인민주의적 쟁점이 제기되면서 경제정책을 둘러싼 합리적 논쟁은 상대화되고 말거든요. '메르코지'(메르켈-사르코지 동맹)가 '메르콜랑드'(메르켈-올랑드 동맹)로 이행한다고 해도 별로 놀랄 일은 아니에요.

역시 국민투표라고 할 수 있는 그리스의 5-6월 총선에서도 유로존(EZ)-국제통화기금(IMF)이 구제금융의 조건으로 제시한 긴축재정의 재협상, 달리 말해서 유로존으로부터의 탈퇴라는 인민주의적 쟁점이 제기됩니다. 물론 유로존에서 탈퇴한다고 해서 그리스경제가 회복될 수 있는지는 확실치 않아요. 그리스경제의 본질적 문제는 경쟁력의 부재인데, 이 문제를 평가절하만으로 해결할 수는 없다는 것이 경제학자들의 중론이거든요. 실행불가능한 쟁점을 둘러싼 그리스의 총선은 결국 집권당이 승리함으로써 '찻잔 속의 태풍'으로 끝날 수밖에 없었지요.

국제경제연구소 연구원 존슨은 프랑스와 그리스의 선거에서 제기된 긴축재정이 진정한 쟁점은 아니라고 주장합니다. 그는 현재의 상황이 지속되면, 결국 유로가치가 폭락하는 유로위기가 발생하면서 독일이 유로존을 탈퇴할 것으로 예상하지요. 유로존 회원국 사이의 노동생산성의 격차로 인한 경쟁력의 격차라는 문제는 평가절하만으로 해결할 수 없고 '국내적 평가절하'(internal devaluation), 쉽게 말해서 임금하락도 요구하는데, 부르주아 민주주의의 본질인 선거정치 때문에 임금하락을 실행하는 것은 거의 불가능한 일이거든요. 존슨은 유로위기를 계기로 화폐동맹(MU) 이전의 상황으로 질서 있게 복귀하는 것이 유일한 대안이라고 주장하고 있어요.

정권심판론을 쟁점으로 하는 국민투표적 선거로 인해 정치적 불확실성이 확산되는 상황에서 유명무실한 스트레스테스트를 통해 은폐되어온 은행위기가 마침내 폭발합니다. 국제경제연구소 객원연구원 베롱에 따르면, 미국과 비교할 때 유럽에서 은행의 '대마불사'(TBTF)라는 문제는 훨씬 더 심각하지요. 3대은행의 국민소득 대비 자산 규모를 보면, 미국이 43%인 반면 독일은 118%, 이탈리아는 121%, 스페인은 189%, 프랑스는 250%이거든요. 또 유럽연합

회원국이면서 유로존 회원국은 아닌 스웨덴은 334%, 영국은 336%나 되고요.

미국보다 유럽에서 은행이 대형화된 데는 역사적 이유가 있습니다. 먼저 증권시장의 취약성으로 인해 은행의 겸업화가 훨씬 더 강화되었기 때문이지요. 미국의 금융이 증시를 중심으로 작동해온 반면 유럽의 금융은 은행을 중심으로 작동해온 것이에요. 나아가 화폐동맹 덕분에 미국보다 유럽에서 은행의 초민족화가 훨씬 더 진전되었기 때문이기도 합니다. 대형은행의 해외영업비중은 미국이 22%인 반면 유럽은 57%인데, 해외영업에서 유럽연합이 차지하는 비중은 역외의 비중과 거의 비슷하지요.

은행위기가 이렇게 방치된 것은 물론 유럽중앙은행(ECB) 때문입니다. 신자유주의적인 연준과 달리 신보수주의적인 유럽중앙은행은 은행감독권을 포기하지요. 은행정책을 비롯한 일체의 금융정책이 여전히 민족국가의 책임으로 남아 있는 것은 이 때문이에요. 그러나 초민족화된 겸업은행을 민족국가가 규제·감독할 도리는 없으므로 유럽중앙은행의 금융정책은 결국 자유방임정책이라고 할 수밖에 없지요. 이것이 유럽연합의 또 다른 제도적 결함이에요.

은행위기의 해결책으로 제기되고 있는 은행동맹(BU)은 이런 제도적 결함을 해결하려는 시도입니다. 2011년 1월에 유럽은행감독원(EBA)을 신설한 것이 은행동맹의 발단이라고 할 수 있지요. 그러나 아직까지 유럽은행감독원은 각국 은행감독원의 금융정책을 조정하는 정도이므로 유럽연합의 명실상부한 단일은행감독원이라고 할 수는 없어요. 나아가 예금의 보호나 파산은행의 정리와 관련된 문제도 산적해 있고요.

현재의 은행동맹은 미봉책이라고 할 수밖에 없습니다. 베롱은 재정동맹(FU)이 존재하지 않는 상황에서 은행동맹을 결성하는 것은 거의 불가능한 일이라고 주장하고 있어요. 미국의 경우를 보면, 독립전쟁 이후의 화폐동맹에 이어서 1930년대 대불황 이후에야 비로소 재정동맹과 함께 은행동맹이 출현한다는 것이지요. 물론 역사적 유비일 따름이지만, 은행동맹과 재정동맹 사이의 관계에 좀 더 주목할 필요가 있다는 것이 핵심이에요. 은행감독이라는 문제는 논외로 하더라도, 예금보호나 파산은행정리는 논리적으로 재정동맹을 전제할 수밖에 없거든요.

그러나 재정동맹의 전망은 여전히 불확실하다고 할 수밖에 없습니다. 2012년 3월에 영국을 제외한 유럽연합 회원국이 조인한 '경제·화폐동맹의 안정·조정·통치에 관한 조약'(TSCG), 좀 더 간단하게 말해서 재정협약(FC)은 유명무실한 1997년의 '안정 및 성장에 관한 협정'(SGP)을 개정·보강하려는 시도이지요. 그러나 재정동맹의 실행가능성은 불확실한 것이에요. 2011년 6월에 유럽중앙은행 총재 트리셰가 주장한 것처럼, 재정동맹의 핵심은 미국의 재무부에 비견되는 유럽연합의 재무부를 신설한다는 데 있는데, 이것은 아직도 장기적 과제일 따름이지요. 화폐주권을 포기한 민족국가가 재정주권마저 포기한다는 것이 쉬운 일은 아니거든요.

그런데 6월부터 스페인과 이탈리아에서 재정위기의 와중에 은행위기가 발생합니다. 2007년의 리스본조약, 즉 1992년의 마스트리히트조약의 '개정조약'에 의해 유럽연합정상회의로 공식화된 유럽평의회(European Council)가 연말까지 유럽중앙은행과 유럽은행감독원을 결합하는 조건으로 유럽안정기구(ESM)가 정부를 매개하지 않고 은행에게 직접 구제금융을 제공한다고 합의한 것은 스페인과 이탈리아의 은행위기와 재정위기를 해결하려는 시도라고 할 수 있지요.

그러나 재정동맹 없는 은행동맹이라는 문제는 논외로 하더라도, 유럽연합정상회의의 합의가 실행될 가능성은 불확실합니다. 유럽은행감독원은 유럽중앙은행과 달리 프랑크푸르트가 아니라 런던에 소재하는데, 영국은 재정협약뿐만 아니라 은행동맹에 대해서도 반대하고 있거든요. 또 7월에 유럽금융안정기구(EFSF)와 유럽금융안정화기구(EFSM)를 대체할 예정인 유럽안정기구의 자본 5000억유로가 스페인과 이탈리아의 은행위기와 재정위기를 해결하는 데는 한계가 있다는 예상도 제기되고 있고요.

보론: 미국 동아시아·서아시아정책의 역사

6월에 한-일군사비밀정보보호협정 추진을 계기로 오바마 정부의 '태평양으로의 선회'(pivot toward/to the Pacific)에 대한 진보주의자들의 관심이 제고된 것은 다행스런 일입니다. 그러나 연말의 대통령선거와 맞물려 쟁점화된 탓에 합리적 분석을 제시한 경우는 드물어요. 이 협정은 러시아를 포함한 24개국과 이미 체결되었고 중국과도 체결을 추진 중인데, 핵심은 군사비밀정보의 '보호', 즉 분류·열람·관리의 표준화에 있지요. 달리 말해서 한-일군사비밀정보보호협정이 곧 한-일군사동맹이라는 진보주의자들의 주장은 별로 근거가 없다는 것이에요.

게다가 오바마 정부가 아시아·태평양으로 선회하려는 의도를 정확하게 파악한 분석도 별로 없는데, 미국의 대외정책이 전개된 역사적 맥락에 대한 진보주의자들의 무지 때문입니다. 커밍스(『바다에서 바다로』, 2009; 국역: 서해문집, 2011)가 묘사한 것처럼, 미국의 역사에서 전개된 대륙주의, 유럽·대서양주의, 아시아·태평양주의에 주목하면서, 그것에 추가하여 중국·일본, 나아가 남한과 미국의 관계가 역사적으로 전개된 과정을 좀 더 구체적으로 분석할 필요가 있는 대목이지요.

대륙주의는 미국인들이 말하는 '명백한 운명'(manifest destiny), 즉 동부의 정착지에서 서부의 변경(frontier)으로 진출하는 서진정책에 따라 대서양부터 태평양까지 대륙국가를 건설한다는 의미입니다. 이것이 바로 먼로 정부가 주장한 고립주의, 즉 탈유럽·대서양주의의 본질이었지요. 대륙주의의 주요 계기는 1803년 제퍼슨 정부의 루이지애나 매입, 1845-48년 폴크 정부의 텍사스·캘리포니아 정복, 1867년 존슨 정부의 알래스카 매입이었어요. 또 1873-96년 대불황을 계기로 중국으로의 진출을 본격화하면서 1898년에는 매킨리 정부가 그 교두보로 필리핀을 정복하기도 했고요. 달리 말해서 대륙주의는 아시아·태평양주의의 맹아이기도 했다는 것이에요.

그러나 영국으로부터 세계헤게모니를 승계한 미국은 대륙주의에서 유럽·대서양주의로 이행했습니다. 고립주의를 대체한 국제주의는 본래 로즈벨트의 이상주의였는데, 1941년의 대서양헌장은 스탈린과의 동맹을 통해 히틀러에 대항함으로써 소련과 '하나의 세계'를 건설한다는 구상을 제시했지요. 그러나 2차 세계전쟁이 종료된 직후 이런 구상은 트루먼의 현실주의로 변모했는데, 1947년의 마셜플랜은 '두 개의 세계', 즉 자본주의진영에 의한 사회주의진영의 봉쇄(containment)와 두 진영간의 냉전을 선언하는 것이었어요.

영국의 세계헤게모니가 '세력균형'을 통해 작동한 것과 달리 미국의 세계헤게모니는 '주권제한'을 통해 작동한다는 사실에 주목할 필요가 있습니다. 브레튼우즈체제가 경제적 차원의 주권제한을 의미한다면, 군사동맹은 안보적 차원의 주권제한을 의미하지요. 물론 지역적 차이도 존재하는데, 독일이라는 지역헤게몬이 존재하는 유럽·대서양에서는 유럽통합이나 북대서양조약기구 같은 다자주의가 지배적인 반면 지역헤게몬이 존재하지 않는 아시아·태평양에서는 우호조약이나 상호방위조약 같은 양자주의가 지배적이거든요.

그런데 커밍스는 유럽·대서양주의에도 불구하고 아시아·태평양주의가 줄곧 성장해왔다고 주장하면서 특히 캘리포니아에 주목하고 있습니다. 캘리포니아는 기후와 면적이 이탈리아와 비슷하지요. 뿐만 아니라 2차 세계전쟁 이후에 경제 규모도 이탈리아와 대등해졌는데, 이번 금융위기 직전에는 프랑스를 추월하고 독일을 추격할 정도였지요. 미국의 실물경제의 중심지인 캘리포니아와 텍사스를 비교해보면, 전자는 농업과 광공업을 구비한 반면 후자는 공업이 농업·광업보다 부실하다고 할 수 있어요.

캘리포니아는 산업혁명기인 1920년대에 성장했는데, 마이홈-마이카라는 미국식 생활양식의 선구적 모델은 캘리포니아, 특히 로스앤젤레스였습니다. 또 미국이 2차 세계전쟁에 참전한 이후 재건금융공사(RFC)와 그 자회사인 방위설비공사(DPC)의 지원으로 군수산업에서 로스앤젤레스가 디트로이트를 압도하게 되었고요. 쉽게 말해서 '미국의 꿈'은 곧 '캘리포니아의 꿈'이었다는 것이에요. 물론 1990년대 이후 금융세계화가 본격화되면서 미국경제의 중심은 뉴욕의 금융으로 이전하지만, 캘리포니아는 정보기술을 토대로 하는 통신혁명 덕분에 여전히 실물경제의 중심지로 남아 있지요.

커밍스가 유럽·대서양주의와 아시아·태평양주의의 차이를 미국식 지역주의로 해석하는 것도 흥미로운 대목입니다. 유럽·대서양주의의 본거지는 매서추세츠를 비롯한 북동부 6개주로 구성되는 뉴잉글랜드인데, 여기가 와스프(WASP, 백인·앵글로·색슨·개신교도) 헤게모니를 행사하는 청교도 양키의 본거지이지요. 반면 아시아·태평양주의의 근거지는 캘리포니아인데, 그 주민은 멕시코 원주민이나 노예제에서 해방된 흑인은 물론이고 중국·일본을 비롯한 아시아계 이민자를 상당수 포함하고요.

미국에서 아시아·태평양주의의 역사적 전개에 대한 커밍스의 설명을 염두에 두면서 미-중관계와 미-일관계, 나아가 한-미관계의 역사에 대한 설명을 보충해보겠습니다. 중국의 문호개방이 시작된 계기는 물론 1839-42년 영국과의 아편전쟁이었지요. 그런데 문호개방 이후 중국에 대한 열강의 태도에 차이가 있었다는 사실에 주목할 필요가 있어요. 프랑스·독일·러시아 같은 대륙세력은 중국을 자신들의 세력권으로 분할하려고 시도한 반면 영국·미국 같은 해양세력은 이런 분할에 반대하면서 중국의 주권을 옹호했거든요. 그러나 중국은 결국 일본에 의해 반(半)식민지로 전락하고 말았지요.

중국이 반식민지로 전락한 결정적 계기는 쑨원의 국민당이 지도한 부르주아 혁명인 1911년 신해혁명의 실패였다고 할 수 있습니다. 신해혁명으로 쑨원의 국민당은 양쯔강 이남의 남중국(광둥)만을 장악했을 뿐이에요. 양쯔강 이북의 북중국(베이징)은 위안스카이의 북양군(北洋軍)이 장악하다가 1916년에 위안스카이가 사망한 이후에는 그의 후계자를 자처한 군벌(軍閥)이 장악한 상태였지요. 1923년에 쑨원이 국공합작, 즉 국민당과 공산당의 협력을 시도한 목적은 북벌(北伐)을 통해 군벌을 타도하기 위한 것이었어요.

그러나 1925년에 쑨원이 사망하자 1926년에 쿠데타를 통해 국민당을 장악한 장제스는 국공합작을 파기했습니다. 그 결과 장(蔣)·쑹(宋)·쿵(孔)·천(陳)이라는 '4대가족'의 '매판적·봉건적 국가독점자본'(관료자본), 쉽게 말해서 중국식 재벌(財閥)이 형성되었지요. 장제스의 국민당이 국공내전에 전념하던 상황에서 일본이 1931년의 만주사변과 1937년의 중일전쟁에서 승리하면서 중국을 반식민지로 전락시킨 것이에요.

일본은 1854년에 미국의 페리 제독에 의해 문호가 개방된 이후 1867년의 왕정복고와 1868년의 메이지유신을 통해 부국강병을 목표로 현대화를 시작했습니다. 1894년에 청일전쟁에서 승리한 일본은 조선으로 진출했는데, 1879년에 류큐(오키나와)를 점령했고 또 1895년에는 타이완(포모사)을 점령했어요. 달리 말해서 조선이나 류큐·타이완에 대한 중국의 종주권에 도전한 것인데, 1884년에 프랑스가 베트남을 점령한 것도 같은 맥락이었지요. 1904년 러일전쟁에서 승리한 이후 일본은 만주로도 진출했지만, 그러나 아직 중국 진출이 본격화된 것은 아니었어요.

일본의 중국 진출이 본격화된 계기는 물론 1931년의 만주사변과 1937년의 중일전쟁이었습니다. 그런데 이렇게 중국 진출이 지연된 가장 중요한 이유는 미국이나 영국이 중국의 분할에 반대했기 때문이었지요. 일본으로서는 그들과의 전통적 우호관계를 단절한다는 것이 쉬운 일은 아니었거든요. 그러나 1930년대 대불황을 극복하기 위해 중국으로의 진출을 본격화하면서 일본은 1941년에 급기야 미국과의 태평양전쟁, 즉 일본판 먼로독트린에 따라 대동아공영권을 건설하기 위한 전쟁에 돌입했지요.

이 대목에서 일본의 역사에서 전개된 자유주의와 군국주의의 갈등에 대해 주목할 필요가 있습니다. 자유주의의 대표자가 정치인·관료의 지도자 이토 히로부미였고, 군국주의의 대표자는 군부의 지도자 야마가타 아리토모였어요. 1909년에 이토가 안중근에게 암살당한 이후 야마가타의 영향력이 제고되었는데, '인종전쟁'의 신봉자였던 그는 1차 세계전쟁을 게르만족과 슬라브족의 전쟁으로 해석하면서 백인종과 황인종의 전쟁, 즉 태평양전쟁을 예언했지요.

태평양전쟁이 발발하면서 로즈벨트와 스탈린이 국공합작을 지지하자 비로소 장제스는 마오와 협력하여 일본을 패퇴시킬 수 있었습니다. 그러나 1946년에 장제스는 만주에서 국공내전을 재개했는데, 1948년에 마오에게 패배하여 1949년에는 타이완으로 도주할 수밖에 없었지요. 만주의 국공내전에 대해 미국이 중립적이었다는 사실에 주목해야 합니다. 유럽·대서양주의자였던 국무장관 마셜과 그의 후임자 애치슨은 마오가 승리해도 스탈린과의 분열이 불가피할 것으로 부당전제했거든요. 1950년 1월에 애치슨은 일본·필리핀과 달리 남한·타이완을 태평양방어선에서 제외시키기도 했고요.

아시아에서 냉전의 발단이라고 할 수 있는 한국전쟁에 대해서는 여전히 논쟁의 여지가 많습니다. 가장 중요한 쟁점은 중국혁명을 방치했던 미국이 참전한 이유인데, 마셜-애치슨의 유럽·대서양주의적 가설과 달리 1950년 2월에 중-소우호조약이 체결되었고 결국 중국이 소련과 협력하여 북한을 지원했다는 사실에 주목할 수 있겠지요. 동시에 미국에서 매카시주의의 반공주의적 광풍이 불기 시작했다는 사실도 지적할 수 있겠고요.

또 한 가지 쟁점은 한국전쟁이 발발한 이유인데, 국내에 지지기반이 없었던 김구와 이승만 같은 임정세력이 1945년 얄타비밀회담에서 로즈벨트가 제안하고 스탈린이 수용한 신탁통치(trusteeship)에 반대하면서 남한단독정부의 수립과 민족의 분단을 획책했다는 사실을 지적할 수 있습니다. 조선이 경제적·정치적으로 독립을 유지할 수 있는 현실적 조건이 존재하지 않았고, 또 '황국신민'이 하루아침에 '시민주체'로 변모할 수도 없었으므로, 신탁통치가 민족해방을 실현할 수 있는 유일한 방안이었는데도 말이에요.

김구가 자신의 후원자 장제스처럼 테러를 일삼던 우파였다는 사실을 결코 잊어서는 안 됩니다. 임정시절에 그는 레닌이 공산주의자들에게 지원한 금화 60만루블을 탈취하기 위해 테러를 감행했지요. 또 해방정국에서는 신탁통치를 지지하던 좌파는 물론이고 중도파에 대해서도 테러를 자행했고요. 김구가 필생의 동지였던 이승만과 결별한 것은 결국 정권을 장악하기 위한 투쟁 때문이었고, 이 투쟁에서 패배한 다음 이승만을 암살하려다가 실패하고 오히려 이승만에게 암살당했다는 설도 있어요.

부르주아 정치사에서 한국전쟁의 성격을 둘러싼 논쟁의 발단은 전체주의적 적화통일설, 쉽게 말해서 북한의 남침설을 비판한 커밍스의 수정주의적 내전설입니다. 그러나 소련사회성격 논쟁과 달리 이 경우에는 마르크스주의가 수정주의를 수용한 적이 없다는 사실에 주목해야 하지요. 그래서 제가 1980년대 말의 한국사회성격 논쟁에서 1945-53년의 민족해방투쟁을 완수하려는 시도가 곧 한국전쟁이었다는 마르크스주의적 관점을 옹호한 것이에요. 한 마디로 말해서 한국전쟁은 베트남전쟁처럼 민족해방전쟁이었다는 것이지요.

한국전쟁의 발발에서 소련은 물론이고 중국의 역할도 부정하는 커밍스의 내전설에는 문제가 많습니다. 북한이 소련제 따바리/따발총(기관단총), 탱크, 전투기로 무장했다는 사실을 논외로 하더라도, 전쟁 초기 북한의 전투병력 9만 명 가운데 4만 명은 만주의 국공내전에 참전한 조선인 베테랑이었거든요. 이런 측면에서 볼 때 한국전쟁은 중국혁명의 연장이었다고 할 수 있겠지요. 미국의 예상과 달리 중국이 타이완을 미처 수복하지 못한 상황에서 북한을 지원했다는 사실도 이런 맥락에서 이해할 수 있겠고요.

한국전쟁을 계기로 아시아에서도 냉전이 개시되었습니다. 전후에 중국도 소련처럼 봉쇄되었고 한국도 독일처럼 분단되었지요. 또 한국전쟁은 아시아판 마셜플랜이기도 했는데, 그 결과 일본경제가 독일경제처럼 재건되었거든요. 게다가 자이바츠(財閥)가 게이레츠(系列)의 형태로 부활되었고, 자위대가 창설되었으며, 자민당의 일당독재가 시작되기도 했고요. 한국전쟁은 유럽에서 냉전이 확립되는 데도 영향을 끼쳤습니다. 프랑스가 결국 독일의 지역헤게모니를 수용하면서 유럽석탄철강공동체(ECSC)라는 형태로 유럽통합이 시작되었고 북대서양조약기구(NATO)가 군사동맹으로 발전했거든요.

이승만 정부에 대한 미국의 평가는 장제스 정부처럼 부정적이었습니다. 둘 다 무능한 데다가 부패했기 때문이에요. 1952년 대통령 직선제 개헌을 둘러싼 부산정치파동으로 소급되는 미국의 이승만 제거계획은 그 후에도 지속되었는데, 특히 그의 '경제학적 문맹'으로 인한 한-일국교정상화 반대가 문제였지요. 미국의 관점에서 볼 때 1961년에 박정희가 감행한 쿠데타는 1965년의 한-일국교정상화, 나아가 베트남파병을 통해 남한의 현대화를 시작함으로써 북한과의 냉전을 수행하기 위해 반드시 필요한 사건이었어요.

미국이 아시아에서 냉전을 완화한 것은 베트남전쟁과 관련하여 이해할 수 있습니다. 1940년에 베트남으로 진출한 일본은 몇 년간 프랑스와 공동으로 베트남을 지배하다가 1945년 패전 직전에 쿠데타를 통해 프랑스를 베트남에서 축출했지요. 태평양전쟁에서 일본이 패전한 다음 프랑스가 베트남으로 복귀하면서 베트남전쟁이 발발한 것이에요. 그러나 1953년에 남-북한의 분단을 통해 한국전쟁을 종료시킨 아이젠하워 정부는 1954년에 역시 남-북베트남의 분단을 통해 베트남전쟁도 종료시켰지요.

베트남전쟁을 재개한 것은 케네디-존슨 정부였습니다. 스탈린이 사망하고 흐루쇼프(흐루시초프)가 집권하면서 소련과의 평화공존이 가능해지자 중국과의 대결을 추구하면서 남베트남에 대한 개입을 심화시켰던 것이지요. 그러나 1968년의 테트(舊正)대공세로 패색이 짙어지면서 1969년에 드디어 닉슨독트린이 발표되었는데, 그 핵심은 동아시아에서 미군의 철수와 일본의 재무장이었어요. 결국 1972년에 닉슨 정부는 '하나의 중국'을 인정했고, 1979년에 카터 정부는 중국과 국교를 수립했지요.

방금 베트남전쟁과 한국전쟁이 민족해방전쟁이라는 성격을 공유했다고 지적했는데, 1960년대 말까지도 북한은 무력통일론을 견지했습니다. 1968년의 테트대공세와 거의 동시에 발생한 청와대습격사건이나 푸에블로호나포사건은 한반도에서 '제2전선'을 형성하려는 시도였거든요. 또 남베트남의 민족해방전선을 모방하여 남한에서 통일혁명당의 건설을 시도한 것도 같은 맥락이었고요.

그러나 한국사회성격 논쟁에서 제가 주장한 것처럼, 1972년 7·4 남북공동성명을 계기로 북한은 무력통일론을 폐기하고 평화공존론을 채택했습니다. 그 결과 신헌법이 제정되면서 유일사상체계가 공식화되었고 곧 이어 부자세습도 공식화되었지요. 남한에서도 마찬가지로 유신헌법이 제정되면서 영구집권이 도모되었고요. 남-북한의 평화공존은 이렇게 적대적 공생이라는 형태를 띠었어요.

케네디-존슨 정부와 달리 닉슨 정부와 카터 정부가 박정희 정부와 갈등을 빚었음에도 불구하고 이승만처럼 박정희도 제거할 계획을 수립했던 것 같지는 않습니다. 12·12와 5·17이라는 이중쿠데타를 통해 전두환 정부가 박정희 정부를 승계하도록 허용한 것이 그 방증이지요. 미국의 관점에서 볼 때 전두환 정부는 박정희 정부 말기에 시도된 신자유주의적 정책개혁을 추진할 수 있었다는 측면에서 유용했거든요. 물론 신자유주의적 정책개혁을 완수한 것은 문민화 이후의 김영삼 정부, 특히 1997-98년 경제위기 이후의 김대중-노무현 정부였지만요.

닉슨 정부와 카터 정부의 중국정책에 제동을 걸면서 시대착오적으로 '두 개의 중국'을 옹호한 것은 레이건 정부였습니다. 또 소련과의 '2차 냉전'도 개시했고요. 그러나 레이건 정부 1기와 2기에는 차이가 있었는데, 2기 레이건 정부에서는 부통령이던 아버지 부시의 영향력이 컸거든요. 1989-91년에 소련이 붕괴되고 탈냉전시대가 전개되면서 닉슨 정부와 카터 정부의 중국정책을 완성한 것은 아버지 부시 정부와 클린턴 정부였어요. 특히 클린턴 정부는 1995년에 공식적으로 봉쇄에서 교류(engagement)로 이행했지요. 한 마디로 말해서 유럽·대서양주의에서 아시아·태평양주의로의 이행을 상징한 것이 대중국 봉쇄정책을 대체한 교류정책이었다는 것이에요.

2001년에 '테러주의와의 전쟁'을 개시한 아들 부시 정부가 아시아·태평양주의를 폐기하고 또다시 유럽·대서양주의로 이행한 것은 아닙니다. 2001년에 세계무역기구(WTO) 가입을 허용한 것을 비롯해서 중국과의 교류는 지속되거든요. 또 레이건 정부처럼 아들 부시 정부도 1기와 2기를 구별할 필요가 있는데, 1기에는 신보수주의적인 부통령 체니가 지도한 국방부가 중심인 반면 2기에는 신자유주의적인 아버지 부시가 지도한 국무부가 중심이지요. 그래서 2004년에 버그스텐이 제안한 주요2개국(G2)이라는 구상에 따라 2005년에 전략대화(SD)를 시작하고 2006년에는 전략경제대화(SED)를 시작한 것이에요.

노태우 정부가 1990년의 한-소국교수립, 1992년의 한-중국교수립을 달성하고, 나아가 1991년에는 '남북 사이의 화해·불가침 및 교류·협력에 관한 합의서'와 '한반도 비핵화에 관한 공동선언'을 채택한 것은 아버지 부시 정부의 정책과 관련하여 이해할 수 있습니다. 또 김대중 정부가 한반도판 교류정책으로서 햇볕정책을 추진한 것도 클린턴 정부의 정책과 관련되고, 노무현 정부가 초기에 햇볕정책을 포기하면서 김대중 정부와의 단절을 시도한 것도 아들 부시 정부 1기의 정책과 관련되고요.

이제 오바마 정부가 아시아·태평양으로 선회하려는 의도에 대해 설명할 수 있습니다. 일단 오바마 정부는 아들 부시 정부의 아시아·태평양정책의 결함을 비판하면서 아버지 부시 정부와 클린턴 정부의 아시아·태평양정책의 복원을 추진한다고 할 수 있어요. 이런 관점에서 아들 부시 정부에 대해 오바마 정부가 제기하는 쟁점을 좀 더 구체적으로 파악할 수 있거든요.

가장 큰 쟁점은 역시 아시아·태평양에서 중국의 경제적 부상을 방치했다는 것입니다. 아시아·태평양경제협력체(APEC)를 아시아·태평양자유무역지대(FTAAP)로 발전시키려는 클린턴 정부의 정책을 유보하면서 중국이 동남아시아국가연합(ASEAN)과 한-중-일의 동아시아자유무역지대(EAFTA)를 추진하도록 허용했거든요. 그 결과 후진타오가 덩샤오핑의 도광양회(韜光養晦, 칼날의 빛을 칼집에 감추고 어둠 속에 숨어서 힘을 기른다) 대신 화평굴기(和平崛起, 평화를 유지하면서 강성대국으로 성장한다)를 선언했던 것이지요.

또 중국의 군사적 부상도 소홀히 했다고 비판합니다. 아들 부시 정부의 전략대화는 차관급이고 전략경제대화는 장관급인데, 오바마 정부는 2009년에 두 대화를 장관급의 전략및경제대화(S&ED)로 결합하지요. 또 미-일동맹을 강화하면서 한-미동맹을 상대화한 것도 비판하고요. 그래서 2010년에 2012년으로 예정되었던 전시작전통제권 반환을 2015년으로 연기하면서 한-미연합사령부를 대체할 한국사령부의 강화를 발표한 것이에요.

물론 유럽·대서양주의에서 아시아·태평양주의로의 이행을 설명하려면 1970년대 이후에 전개된 세계헤게모니의 위기의 토대가 축적체계의 구조적 위기라는 사실을 고려해야만 합니다. 부르주아 정치학에서 현실주의적 국제관계론(IR)을 비판하는 신자유주의적 국제정치경제론(IPE)이 출현한 것도 이런 맥락에서 이해할 수 있지요. 전자를 비판하면서 후자가 제기한 가장 중요한 쟁점은 국제경제적 관점에서 안보의 문제를 해결해야 한다는 것이에요.

그런데 국제정치경제론이 국제관계론을 완전히 대체한 것은 아닌 것 같습니다. 버그스텐은 최근의 인터뷰에서 미국의 대외정책을 지배해온 고질적인 '경제학적 문맹'에 대해 개탄하고 있어요. 그는 '현재 세계경제의 최대의 실존적 위험'인 중국을 전간기의 독일과 유비하고 있지요. 이런 맥락에서 오바마 정부의 아시아·태평양으로의 선회를 금융세계화와 군사세계화의 종언에 대비한 '플랜 B'로 해석할 수 있다는 것이 제 생각이에요.

축적체계의 구조적 위기와 세계헤게모니의 위기를 결합하기 위해서는 마르크스주의적 관점이 불가결합니다. 물론 마르크스주의 내부에서도 쟁점이 제기될 수는 있는데, 예를 들어 아리기가 '장기20세기'(1870년대-2010년대)에 주목하는 반면 홉스봄은 '단기20세기'(1914/17년-1989/91년)에 주목하지요. 그러나 아리기와 달리 홉스봄은 미국의 축적체계의 변화를 무시하면서 소련과의 냉전이라는 세계헤게모니의 변화만 강조한다는 한계가 있어요.

오바마 정부가 아시아·태평양으로 회귀하려는 배경으로서 서아시아의 상황에 대해서도 설명해보겠습니다. 2010년 12월에 북아프리카에서 시작되어 2011년 1월부터 서아시아로 확산된 '아랍의 봄'은 이집트와 리비아에서 정권교체를 실현하고 시리아에서는 거의 1년째 내전이 진행 중이에요. 그런데 이런 와중에 범이슬람주의가 부활하여 아랍민족주의를 대체한다는 데 주목할 필요가 있지요. 범이슬람주의와 아랍민족주의에 대해서는 조금 이따가 설명하겠어요.

동아시아와 비교할 때 서아시아의 현대사는 너무도 복잡합니다. 사실 유다교·기독교·이슬람교라는 3대 유일신교의 갈등이라는 문제는 부차적이었지요. 엥달(『전쟁의 한 세기』, 2004; 국역: 길, 2007)이 강조한 것처럼, 주요한 문제는 1차 세계전쟁의 와중에 '유럽의 병자'라고 불려온 오스만제국이 해체되었다는 것인데, 그 원인은 석유라는 '전략상품'을 둘러싼 제국주의적 경쟁에 있었어요. 영국과 프랑스가 독일을 지지한 오스만제국의 영토였던 서아시아를 분할하기로 합의했거든요. 오스만제국에 대한 영국의 정책이 중국에 대한 정책과 달랐던 것은 결국 석유 때문이었지요.

영국과 프랑스는 1916년에 사이크스와 피코의 비밀협정을 통해 서아시아를 분할하기로 약속했습니다. 1920년의 세브르조약은 각각의 세력권에서 위임통치(mandate)를 실시한다는 것이었는데, 1923년에 국제연맹에 의해 추인되었지요. 그 결과 메소포타미아와 남부시리아, 즉 넓은 의미의 팔레스타인은 영국의 위임통치령이 되었고, 레바논을 포함한 북부시리아는 프랑스의 위임통치령이 되었어요.

영국의 위임통치령에서 핵심은 물론 유전이 있던 메소포타미아였습니다. 그러나 두 가지 이유로 인해 상황이 복잡해질 수밖에 없었지요. 1916-18년에 오스만제국에 대한 '아랍의 반역'을 주도한 알리 씨족을 중심으로 시리아에 아랍왕국을 건설하도록 지원하겠다는 '로렌스의 약속'이 있었고, 게다가 팔레스타인에서 이스라엘의 건국을 약속한 1917년의 '밸푸어의 선언'도 있었거든요.

북부시리아가 프랑스의 위임통치령이 되면서 영국은 알리 씨족의

파이살에게 메소포타미아를 제공하여 이라크왕국을 건설하도록 지원했습니다. 또 남부시리아를 요르단강(요단강)을 기준으로 분할한 다음, 동쪽, 즉 트랜스요르단은 파이살의 형 압둘라에게 제공하여 요르단왕국을 건설하도록 지원한 반면 서쪽, 즉 좁은 의미의 팔레스타인은 영국이 직접 관할했지요.

1932년에 이라크왕국이 해방되고 또 1946년에 요르단왕국이 해방된 다음에도 영국이 직접 관할하던 팔레스타인의 운명은 여전히 미정이었습니다. 그러다가 1947년에 국제연합이 팔레스타인의 분단을 결의하면서 이듬해 이스라엘이 건국되었던 것이지요. 국제연합의 이런 결의는 전쟁의 가능성을 내포한 것이었습니다. 비록 미국과 소련이 합의했다고 해도 아랍국가들은 찬성하지 않았거든요. 이 때문에 트루먼 정부가 평화를 위해서는 위임통치를 신탁통치로 연장할 필요가 있다고 주장하기도 한 것이지요.

위임통치와 신탁통치는 대동소이한 것이었습니다. 양자 모두 전쟁배상금의 일환으로 승전국이 패전국의 영토나 식민지를 점령하는 방법이었거든요. 국제연맹의 위임통치는 오스만제국의 영토였던 서아시아와 아프리카·태평양의 독일식민지가 대상이었지요. 얄타회담에서 전자는 독립을 획득했고, 후자는 국제연합의 신탁통치로 연장되었어요. 1차 세계전쟁의 승전국에서 2차 세계전쟁의 패전국으로 전락한 일본의 식민지였던 조선이 신탁통치의 대상이 된 것도 이런 맥락에서 이해할 수 있지요.

어쨌든 팔레스타인의 분단은 1948년에 전쟁으로 귀결되었고, 그 후에도 크고 작은 전쟁이 다섯 차례나 더 발생했습니다. 이집트까지 참전한 1948년 전쟁은 이스라엘이 승리했는데, 아랍국가들은 요르단강 서안(西岸)과 가자지구를 가까스로 방어했지요. 그러나 이스라엘은 1967년 전쟁('6일전쟁')에서 이 두 지역을 점령했고, 게다가 시리아의 골란고원까지 점령했어요. 1973년 전쟁('욤키푸르전쟁') 이후에도 이 세 지역은 이스라엘의 영토로 남았는데, 다만 1979년의 이스라엘-이집트평화협정으로 시나이반도는 반환되었지요.

동아시아와 달리 서아시아에서 미국과 영국의 정책은 차이가 있었는데, 영국과 달리 미국은 산유국이었기 때문입니다. 미국은 사이크스-피코비밀협정에 찬성하지 않았지요. 그러나 서아시아의 석유에 무관심했던 것은 아닌데, 이라크왕국으로의 접근이 제한되자 사우디아라비아왕국에 접근했거든요.

1925년에 사우드 씨족은 와하비주의와 협력하여 아라비아반도 내륙의 사막지대를 점령했습니다. 그러나 알리 씨족, 결국에는 그 후원자인 영국에게 도전하는 문제를 둘러싸고 갈등이 발생하자 영국의 지원으로 와하비주의를 제거하고 1932년에 사우디아라비아왕국을 건설했지요. 미국은 1938년에 사우디아라비아왕국에서 유전을 발견했는데, 2차 세계전쟁 중이던 1943년부터 사우디아라비아왕국은 미국이 서아시아로 진출하는 교두보가 되었어요.

서아시아에는 이집트나 서아시아 최초의 산유국인 이란(페르시아)까지 포함됩니다. 오스만제국의 영토였던 이집트에서는 나폴레옹전쟁 중이던 1805년에 알리왕조가 출현했어요. 그러나 1882년에 영국의 종속국으로 전락했고, 1952년에 나세르의 쿠데타에 의해 전복되었지요. 나세르에 대해서는 조금 이따가 설명하겠어요.

반면 사파위왕조가 장악한 이란은 이라크를 둘러싸고 오스만제국과 경쟁했습니다. 오스만제국이 이슬람교 순니파의 중심이었던 반면 이란은 이슬람교 시아파의 거점이었어요. 그러나 19세기에 카자르왕조, 20세기에 팔레비왕조가 출현하면서 러시아와 영국에게 종속되었다가 결국에는 미국에게 종속되었지요. 1979년에 호메이니는 팔레비왕조를 전복하고 미국과 국교를 단절했어요.

호메이니주의와 와하비주의는 모두 정교일치의 신정(神政)을 지향하는 이슬람근본주의입니다. 그러나 호메이니주의가 시아파인 반면 와하비주의는 순니파와 시아파를 모두 부정하고 무함마드(마호멧)의 원시이슬람교로의 복귀를 주장하면서 테러를 자행했다는 차이가 있지요. 순니파에서는 종교개혁을 주장하면서 범이슬람주의가 출현했는데, 조금 이따가 설명하겠어요.

2차 세계전쟁 이후 영국의 세계헤게모니를 승계한 미국은 서아시아에 적극적으로 개입하기 시작했습니다. 그러나 문제는 석유의 확보였고, 이스라엘의 안보는 여전히 문제가 안 되었지요. 그러다가 이스라엘과 아랍의 갈등에도 적극적으로 개입하게 되었는데, 그 계기는 1967년 전쟁과 1973년 전쟁이었어요. 1948년 전쟁 이후 이집트를 중심으로 아랍민족주의가 대두하면서 석유의 확보라는 문제와 이스라엘의 안보라는 문제가 결합되었거든요.

서아시아에서 냉전은 이스라엘과 아랍의 갈등이라는 형태로 전개되었다는 특징이 있습니다. 1946년에 이란에서 냉전이 전개된 적도 있지만, 소련은 곧 미국에 의해 축출되었지요. 그 후 케네디-존슨 정부가 이스라엘과 '특수관계'를 형성한 반면 소련은 아랍민족주의를 지원하면서 냉전이 본격적으로 전개된 것이에요. 미국과 이스라엘의 특수관계에 대해서는 조금 이따가 설명하겠어요.

아랍민족주의의 기원은 오스만제국의 범이슬람주의에서 발견할 수 있습니다. 19세기 후반 오스만제국에서 출현한 범이슬람주의는 종교개혁을 시도하지만 실패하고 말았지요. 그러나 1차 세계전쟁의 와중에 오스만제국이 해체되면서 1923년에 국부(國父) 케말이 정교분리의 터키공화국을 건설했어요. 그 후 터키는 일본처럼 유럽을 지향하면서 현대화를 추진했지요. 2000년대에 들어와 범이슬람주의를 부활시키려는 시도가 출현하기도 하지만요.

오스만제국에서 실패한 범이슬람주의는 이집트에서 범아랍주의, 즉 아랍민족주의로 세속화되었습니다. 1948년 패전 직후 알리왕조를 전복한 1952년 나세르의 쿠데타와 미국의 중립을 활용한 1956년 수에즈운하의 국유화가 아랍민족주의의 절정이었지요. 그러나 그는 케말과 달리 군사독재를 실시했어요. 이슬람사회주의로 급진화하던 범이슬람주의를 탄압하기도 했고요. 게다가 1970년에 나세르가 사망하자 사다트는 아랍민족주의를 포기하고 1979년에는 이스라엘과 단독으로 평화협정을 체결했지요. 또 1981년에 사다트가 암살당한 다음에도 무바라크는 친미-친이스라엘 정책을 유지했고요.

아랍민족주의는 시리아와 이라크로도 전파되었습니다. 1946년에 프랑스의 위임통치에서 해방된 시리아에서는 공화국이 건설되었어요. 그러나 1948년 전쟁에서 패전한 이듬해부터 일련의 쿠데타가 발생하면서 혼란이 거듭되다가 1963년에 아랍민족주의를 주창하던 바스당이 쿠데타로 집권했지요. 1967년 전쟁의 패전으로 1970년에 아사드가 바스당을 장악했는데, 2000년에는 그의 아들이 권력을 승계했어요. 아사드 부자는 순니파가 아니라 시아파여서 이집트가 아랍민족주의를 포기한 다음에는 이란과 친화성을 보였지요.

1968년에는 이라크에서도 바스당이 아랍민족주의를 도입했는데, 이것은 1966년에 시리아바스당에서 분리된 이라크바스당이었습니다. 1958년에 쿠데타로 이라크왕국이 전복된 다음, 1963년에도 쿠데타가 한 차례 더 발생했지요. 그러나 1967년 전쟁에서 패전한 이듬해에 바스당이 쿠데타로 집권한 것이에요. 1979년에 바스당을 장악한 후세인은 이란이나 사우디아라비아왕국과 갈등을 빚다가 결국 2003년에 미국에 의해 축출되고 말았지요.

레바논의 상황은 시리아나 이라크와 달랐습니다. 1946년에 프랑스의 위임통치에서 해방되어 공화국을 건설한 레바논에는 마론교와 그리스정교라는 두 개의 기독교 종파와 순니파와 시아파라는 두 개의 이슬람교 종파가 존재했지요. '신조주의'(confessionalism)라는 독특한 제도를 통해 4대종파간 세력균형을 도모한 것은 이 때문이었어요. 그러나 1975-90년에 내전이 발생하면서 결국 이스라엘과 시리아에 의해 분할 점령되었는데, 이스라엘이 철군한 것은 2000년이었고, 시리아가 철군한 것은 2005년이었지요.

마지막으로 리비아에서도 아랍민족주의가 출현했습니다. 리비아(트리폴리)와 알제리아(알제)는 모두 오스만제국의 노예무역근거지였고 또 둘 다 산유국인데, 알제리아가 1830년부터 1962년까지 프랑스의 식민지였던 반면 리비아는 1912년에 이탈리아의 식민지가 되었다가 2차 세계전쟁 중인 1943년에는 영국에 의해 점령되었지요. 그러다가 1951년에 이드리스왕조가 출현했는데, 1969년에 아랍민족주의를 표방한 가다피의 쿠데타로 전복되었어요. 그러나 나세르의 아랍민족주의가 비극이었다면, 가다피의 아랍민족주의는 희극이었다고 할 수밖에 없어요. 나세르의 아랍민족주의는 물론이고 아사드나 후세인의 아랍민족주의에도 미달했거든요.

2011년부터 이집트·리비아와 시리아에서 전개된 아랍의 봄은 결국 군사독재로 변질된 아랍민족주의에 대한 반역이라고 할 수 있습니다. 그런데 문제는 반역을 주도한 무슬림형제단(1928-)이 시대착오적으로 범이슬람주의의 부활을 도모한다는 데 있지요. 게다가 이슬람근본주의자도 개입하는데, 호메이니주의자는 물론이고 와하비주의를 부활시키려는 알카에다까지 존재하거든요.

이스라엘과 아랍의 갈등의 한 쪽에 아랍민족주의가 있었다면 또 다른 쪽에는 시온주의가 있었습니다. 19세기 말에 유럽의 반(反)유다주의에 대한 반작용으로 출현한 시온주의는 본래 민족주의적 사회주의였는데, 노동공동체를 통해 유다인을 '상인민족'에서 '노동자민족'으로 변모시킨다는 것이 그 핵심이었지요. 그래서 이런 정통 시온주의를 노동시온주의라고 부르기도 한 것이에요.

1880년대부터 팔레스타인으로 이주하기 시작한 러시아-동유럽계 유다인은 1910년에 키부츠(Kibbutz), 즉 농촌코뮌을 건설했고, 1920년에는 이스라엘노동자총연맹(Histadrut), 즉 노총을 건설했습니다. 서유럽계 유다인은 시온주의를 자본주의적으로 해석하기도 했는데, 그러나 그들은 미국으로 이주했기 때문에 영향력이 별로 없었어요. 그 결과 1930년에 국부 벤-구리온이 결성한 이스라엘노동자당(Mapai), 1968년 이후의 이스라엘노동당이 1977년까지 집권할 수 있었던 것이지요.

이스라엘에도 공산당이 존재한 적이 있습니다. 1924년에 결성된 팔레스타인공산당이 그것이었는데, 유다인과 아랍인의 갈등으로 인해 분열을 거듭하다가 1948년에 재건되었지요. 그러나 서아시아에서 냉전이 전개되면서 소련이 아랍민족주의를 지지하자 1965년 이후 아랍민족주의정당으로 변모하고 말았어요.

이스라엘경제를 남한경제와 비교할 수 있습니다. 건국 이후 이스라엘은 독일의 배상금을 종자돈 삼아 수출지향공업화를 실행했지요. 일본의 배상금 덕분에 수출지향공업화를 실행한 남한처럼 말이에요. 자연자원이 풍부한 라틴아메리카와 달리 이스라엘과 남한에는 지주계급이나 외국인직접투자가 없었다는 것도 비슷하고요. 물론 차이도 있었는데, 이스라엘에서는 해외유다인의 기부가 중요했던 반면 남한에서는 베트남특수와 중동특수, 즉 서아시아·북아프리카특수가 중요했거든요.

그러나 더 중요한 차이가 있었습니다. 남한처럼 전시국가이면서도 남한과 달리 군사독재가 아니었던 이스라엘에서는 노총이 차지한 경제적 비중이 아주 컸거든요. 1970년대까지 이스라엘경제를 지배한 대기업과 대은행은 모두 7개였는데, 대기업 1개와 대은행 1개는 노총이 소유했고, 대기업 1개는 국가가 소유했으며, 대은행 1개는 세계시온주의자기구(1920-)가 소유했지요. 반면 재벌은 2개였는데, 그들은 은행을 핵심으로 기업도 소유한 복합기업이었어요. 나머지 대기업 1개는 노총과 재벌이 공동으로 소유했고요.

특히 노총이 소유한 대기업과 대은행이 국민소득에서 차지하던 비중에 주목할 필요가 있는데, 1950년대 초의 18%에서 1960-70년대의 23%까지 상승했습니다. 물론 국가의 비중도 막강했지요. 대기업과 대은행을 국유화하는 대신 재무부에 대한 중앙은행의 종속을 통해 정책금융을 실행했거든요. 남한에서도 정책금융이 아주 중요했는데, 중앙은행을 재무부에 종속시켰고 게다가 재벌이 소유하던 대은행도 국유화했기 때문이에요.

이런 맥락에서 이스라엘에 대한 미국의 관심이 애당초 별로 크지 않았다는 사실을 이해할 수 있습니다. 먼저 이스라엘경제가 자본주의가 아니라 민족주의적 사회주의를 지향했다는 점이 중요하지요. 게다가 이스라엘은 산유국도 아니었고 지정학적 중요성도 부차적이었어요. 이미 지적한 것처럼, 서아시아에서 미국의 교두보는 역시 사우디아라비아왕국이었다고 할 수 있지요.

이스라엘의 건국에 역사적 근거가 없었다는 좌파의 전통적인 비판은 별로 의미가 없습니다. 따지고 보면, 요르단이나 레바논은 물론이고 이라크나 시리아의 건국에도 역사적 근거가 없기는 마찬가지였거든요. 물론 로렌스의 약속도 실현불가능한 것이었고요. 알리씨족을 중심으로 왕국(kingdom)을 건설할 수 있는 조건은 현실적으로 존재하지 않았는데, 기껏해야 부족국가(emirate)나 부족연맹국가(united emirates)가 가능했을 따름이거든요.

하기야 '역사적 민족'이라는 개념 자체가 종족적 민족주의의 신화일 따름이라는 사실에 주목할 필요가 있습니다. 국제연합 회원국 193개 중에서 역사적 민족이 건설한 국가가 얼마나 되겠어요. 우리의 경우도 마찬가지인데, 만주의 부여(고구려·백제)와 숙신(말갈), 한반도의 한(韓, 신라·가야), 일본의 왜(가야)가 고조선의 후예라는 민족의식을 가졌다는 주장은 '종족적 순수성'에 집착하는 '야만적 이상'의 발로일 따름이에요. 게다가 신채호처럼 숙신과 왜를 배제한 채 부여와 한만 우리 민족이라고 강변하는 경우도 많고요.

이스라엘 현대사의 전환점은 1967년 전쟁과 1973년 전쟁이었습니다. 먼저 이 두 전쟁을 계기로 정통시온주의를 수정하려는 보수당이 약진하고, 급기야 1977년에는 정권을 장악하게 되었어요. 1992년까지 단독 또는 공동으로 집권한 보수당은 아랍민족주의에 대항하는 유다민족주의를 강조했는데, 핵심은 서안과 가자지구의 점령을 영구화하는 데 있었지요. 쉽게 말해서 보수당의 민족주의는 제국주의까지는 몰라도 팽창주의였다는 것이에요.

또 군비경쟁의 격화로 이스라엘경제도 붕괴했습니다. 1950-60년대에 이스라엘은 일본의 9.7%에 버금가는 9.2%의 경제성장률을 달성했지요. 그러나 1970년대에 경제성장률이 급락하여 1980년대에는 2.7%에 도달했어요. 경제성장률이 급락한 것은 국방비의 급증 때문이었는데, 1967년에 국민소득 대비 10%였던 국방비가 1973년부터 1980년대까지는 30%로 급상승했거든요. 군수공업을 위한 중화학공업화가 남한경제에 끼친 부담과는 비교할 수 없을 정도였지요.

미국과 이스라엘이 밀착된 것은 특히 1960-80년대였습니다. 1967년 전쟁을 전후로 케네디-존슨 정부가 이스라엘과 특수관계를 형성했는데, 이것은 상호방위조약과 달리 이스라엘의 독자적인 전시작전통제권을 보장하는 것이었어요. 쉽게 말해서 미국의 승인 없이도 아랍에 대해 선제공격을 할 수 있었다는 것이지요.

이스라엘과의 특수관계는 닉슨 정부와 카터 정부, 나아가 레이건 정부 1기에 의해서도 유지되었습니다. 특히 1973년 전쟁 이후 미국은 이스라엘에 대한 원조를 본격화했지요. 그 규모는 1973-85년에 300억달러였는데, 군사원조와 경제원조의 비율이 2:1이었어요. 1948-90년에 해외유다인의 기부가 70억달러였다면, 미국의 원조가 얼마나 막대했는지 짐작이 가겠지요. 그러나 미국의 군사원조는 이스라엘 국방비의 1/4에 불과했어요.

이스라엘경제가 회복된 것은 1984-86년의 보수당-노동당연립정부가 실행한 1985년 경제안정화계획을 통해서였습니다. 1985년 계획의 핵심은 단기과제로 긴축재정, 화폐개혁, 평가절하, '소득정책'(incomes policy, 임금삭감을 통한 물가통제정책)을 실시하고, 장기과제로 민간화·탈공공화, 자유화·탈규제라는 신자유주의적 정책개혁을 추진한다는 데 있었지요.

장기과제와 단기과제의 매개고리가 이스라엘은행(BOI)의 재무부로부터의 독립이었다는 사실에 주목할 필요가 있습니다. 1985년에 이스라엘은행법의 개정을 통해 국채의 화폐화(monetizing)가 금지되었고, 또 1994년에는 인플레이션타겟팅(물가안정목표제)이 도입되었지요. 남한에서 한국은행이 독립한 것은 1997-98년 경제위기의 와중인 1998년이었어요. 그러나 한국은행과 달리 이스라엘은행은 은행감독권을 유지했다는 차이도 잊어서는 안 되겠지요.

1985년 계획을 통해 이스라엘경제가 안정화된 것은 사실입니다. 먼저 1984년에 국민소득의 77%에 도달한 정부지출이 2007년에는 44%로 하락하면서 284%이던 국채의 비중도 80%로 하락했는데, 그러나 국방비의 비중은 1990년대에도 20%를 유지했지요. 또 1984

년에 445%에 도달한 물가상승률은 1999년 이후에는 5% 이하로 하락했고요. 물론 1950-60년대의 경제성장률이 회복된 것은 아니었는데, 1985-89년에 3.8%, 1990-99년에 5.3%, 2000-07년에 3.9%에 불과했거든요. 현재 이스라엘의 1인당 국민소득은 남한이나 이탈리아·스페인 같은 남부 유럽과 비슷한 수준이에요.

동시에 이스라엘경제가 신자유주의적으로 변모되었다는 사실에도 주목할 필요가 있습니다. 먼저 노총이 단독 또는 공동으로 소유하던 대기업은 재벌에게 매각되었지요. 국가가 소유하던 대기업은 또 다른 재벌에게 매각되었고요. 또 노총이 소유하던 대은행도 외국인과 내국인의 투자컨서시엄에게 매각되었습니다. 세계시온주의자기구가 소유하던 대은행은 구제금융을 통해 한시적으로 국유화된 상태인데, 언젠가는 민간에게 매각되겠지요.

신자유주의적 정책개혁의 결과로 이스라엘경제에서 재벌이 강화되었습니다. 노총이 소유하던 대기업 2개를 인수한 재벌인 IDB가 1999년에 시가총액에서 차지하는 비중이 29%나 되거든요. 2010년에 삼성전자의 비중이 13%이고 현대-기아자동차의 비중이 8%에 불과하다면, 이스라엘에서 재벌의 경제집중도가 얼마나 높은지 알 수 있겠지요. 비견될 수 있는 경우는 스웨덴 정도인데, 1995년에 2대그룹이 시가총액의 52%를 차지하거든요.

이렇게 이스라엘경제가 재벌 중심으로 재편되면서 노총은 물론이고 노동당도 몰락하고 말았습니다. 먼저 국민소득에서 차지하던 노총의 비중은 1960-70년대의 23%에서 1990년대 초의 14%로 급락하다가 2000년대 초에는 한 자리 수에 도달했지요. 또 1992-2001년에 보수당과 번갈아 집권하던 노동당은 그 후에는 결국 제3당으로 전락했고요. 보수당의 온건파가 노동당의 온건파를 포섭하여 중도당을 구성하면서 노동당을 대체했거든요. 물론 남한처럼 진보주의자가 어설프게 설쳐댈 수 있는 상황은 아니었고요.

아버지 부시 정부와 클린턴 정부가 주도한 1991년의 마드리드회의와 1993년의 오슬로협정, 좀 더 간단하게 말해서 이스라엘-아랍

평화협상에 대해서도 한 마디만 해두겠습니다. 평화협상의 핵심은 서안과 가자지구에 아랍계 독립국가를 건설한다는 데 있었는데, 이미 보수화된 이스라엘로서는 수용하기 쉽지 않은 것이었지요. 그래서 2000년에 평화협상이 실패로 종결된 것이에요. 그 후 이스라엘에서 노동당이 몰락하면서 중도당이 출현한 것은 방금 설명한 그대로이고요.

시온주의와 아랍민족주의의 대결은 이렇게 '투쟁 속의 공멸'로 귀결되었다고 할 수밖에 없습니다. 시온주의는 유다민족주의로 변모하고 말았고, 또 아랍민족주의는 범이슬람주의로 변모하고 말았거든요. 그러나 유다민족주의와 범이슬람주의의 대결의 전망은 시온주의와 아랍민족주의의 대결의 결과보다 훨씬 더 암울하다고 할 수밖에 없어요. 한 마디로 말해서 서아시아의 위기는 출구가 보이지 않는다는 것이지요.

이런 상황에서 오바마 정부가 아시아·태평양으로 선회하기로 결정한 것은 불가피한 측면이 있습니다. 오바마 정부는 출범 이후 줄곧 범이슬람주의적인 무슬림형제단은 물론이고 심지어 이슬람근본주의적인 호메이니주의와도 교류할 수 있다고 주장해왔지요. 유일한 예외는 이슬람근본주의적인 동시에 테러주의적인 알카에다라는 것이에요. 반면 연말의 대선을 앞두고 롬니는 이스라엘과의 특수관계를 복원하겠다고 약속하지요. 이스라엘의 여론은 당연히 오바마를 비판하면서 롬니를 지지하고 있어요.

그러나 이번 대선에서 설사 롬니가 승리한다고 해도 아들 부시처럼 무모하게 서아시아에 개입할 수는 없을 것입니다. '휴버트 피크', 즉 세계석유생산량의 정점으로 인해 1970년대의 석유위기에 이어 새로운 석유위기가 발생한다고 해도, 1990년대 이후 미국경제의 입장에서는 서아시아 석유달러의 환류보다는 오히려 동아시아 수출달러의 환류가 훨씬 더 중요하거든요. 아들 부시 정부 1기가 동아시아 대신 서아시아와의 자유무역지대를 구상한 것은 역시 버그스텐이 지적한 경제학적 문맹 때문이었지요.

2012년 3/4분기 정세분석

2012년 3/4분기 경제정세를 10월 현재 미국을 중심으로 간단하게 분석해보겠습니다.

3차 수량완화정책의 실행

주요 경제지표를 보면, 8월부터 상승하기 시작한 다우존스와 금값은 9월에 13600과 온스당 1800달러에 접근합니다. 또 2월부터 상승세를 지속한 케이스-실러지수(2개월 시차)도 8월에 155에 도달하고요. 반면 실업률은 7월의 8.2%에서 9월의 7.8%로 하락하는데, 그러나 공식실업률(U-3)과 비공식실업률(U-6)의 격차는 오히려 7월의 6.7%포인트에서 9월의 6.9%포인트로 확대되지요.

이런 상황에서 드디어 연방준비제도(Fed, 연준)가 3차 수량완화정책(QE3)을 발표합니다. 8월 31일에 열린 주요국 중앙은행총재 연례심포지엄, 즉 잭슨홀회의의 개회연설에서 연준이사회 의장 버냉키가 예고한 3차 수량완화정책을 9월 12-13일에 열린 연방공개시장위원회(FOMC)가 채택한 것이에요. 이번 결정에도 역시 11명이 찬성하고 1명이 반대하지요.

잭슨홀 연설에서 버냉키는 2007년 8월에 금융위기가 시작된 이후 연준이 채택한 통화정책을 개관하면서 그 유효성을 주장합니다. 2008년 9월부터 금융위기가 심화되자 12월에 제로금리정책(ZIRP)을 채택하는 동시에 다양한 비전통적 통화정책을 채택하는데, 여기에는 이미 설명한 바 있는 1차 수량완화정책(QE1), 2차 수량완화정책(QE2), 오퍼레이션트위스트(MEP, 국채의 만기연장계획)가 있지요. 또 제로금리정책의 기한을 특정하는 정책도 있고요.

제로금리정책 이후의 비전통적 통화정책을 요약해보겠습니다. 먼저 2010년 3월까지 실행된 1차 수량완화정책은 2008년 11월에 0.5조달러의 국책모기지회사 주택담보부증권(MBS)과 0.1조달러의 국책모기지회사 회사채의 구매로 시작되는데, 2009년 3월에는 1.25조달러의 주택담보부증권과 0.1조달러의 회사채에 더하여 0.3조달러의 장기국채의 구매로 확대됩니다. 또 2009년 11월에는 회사채 구매도 0.2조달러로 확대되고요.

1차 수량완화정책에는 2008년 9월부터 12월까지 실행된 신용완화정책(CE)도 포함할 수 있습니다. 단기대부정책인 신용완화정책과 달리 본래의 수량완화정책은 장기대부정책인데, 그래서 대규모자산구매(LSAP)라고 부르기도 하는 것이에요. 어쨌든 신용완화정책까지 포함할 경우 1차 수량완화정책의 시기는 1분기 가량 더 연장되어 모두 1년 7개월이 되지요.

반면 2차 수량완화정책은 2010년 11월부터 2011년 6월까지 8개월 동안 실행되는데, 이번에는 0.6조달러의 장기국채의 구매로 국한됩니다. 또 2011년 9월부터 2012년 6월까지 실행된 오퍼레이션트위스트는 단기국채를 매각하고 장기국채를 구매하는 것인데, 그 규모는 0.4조달러이지요. 올해 6월에 연말까지 연장된 오퍼레이션트위스트의 시기는 모두 1년 4개월이 될 것이고요.

동시에 제로금리정책의 기한도 계속 연장됩니다. 제로금리정책을 발표한 2008년 12월에 '얼마 동안'(for some time)이라는 표현을 사용하고, 1차 수량완화정책의 구성을 조정한 2009년 3월에는 '상당 기간 동안'(for an extended period)이라는 표현을 사용하다가, 급기야 2011년 8월에 '최소한 2013년 중반까지'(at least through mid-2013)로 특정하고, 2012년 1월에는 '최소한 2014년 말까지'(at least through late 2014)로 연장하거든요.

금융위기가 심화된 2008년 9월부터 줄곧 유지해온 이런 다양한 비전통적 통화정책이 '2차 대불황'을 예방했다는 것이 버냉키의 주장입니다. 그러나 그럼에도 불구하고 실업률이 좀처럼 하락하지 않는다는 데 버냉키의 고민이 있지요. 특히 올해 들어와 실업률은 줄곧 8%를 상회하는데, 장기균형치 5-6%를 2%포인트 이상 초과하는 이런 높은 실업률이 3년 7개월째 지속되고 있거든요. 이런 상황을 타개하기 위해서는 경기회복세를 강화하여 경제성장률이 장기균형치 2-3%를 1%포인트 이상 초과하여 4% 정도로 상승해야 한다는 것이 그의 주장이지요.

버냉키는 경제성장을 저해하는 몇 가지 '역풍'(headwind)이 존재한다고 강조하면서 3차 수량완화정책을 예고합니다. 특히 주택시장의 침체가 문제인데, 3차 수량완화정책은 이것을 해결하려는 시도이지요. 그러나 연준이 해결할 수 없는 문제도 있는데, 내년 초부터 재정절벽이 발생하고 또다시 국채상한에 접근함에 따라 재정정책의 불확실성, 좀 더 구체적으로 말해서 적자재정정책의 곤란성이 예상된다는 것이에요. 물론 유럽연합(EU)의 재정위기와 은행위기로 인한 국제금융시장의 불확실성도 예상되고요.

새케인즈주의 통화이론의 대표자 중 한 사람인 컬럼비아대학의 우드퍼드는 잭슨홀회의에서 수량완화정책에 대한 비판을 제기합니다. 또 명목국민소득목표제가 타당하다는 주장을 제기하기도 하고요. 그러나 명목국민소득목표제가 반드시 수량완화정책과 배치되는 것은 아닙니다. 버냉키처럼 1930년대 대불황 전공자이자 오바마정부에서 초대 경제자문평의회(CEA) 의장을 역임한 바 있는 버클리대학의 크리스티나 로머는 명목국민소득목표제를 제안하면서도 수량완화정책을 지지하는데, 자세한 설명은 보론을 참조하세요.

버냉키의 잭슨홀 연설 직후에 연방공개시장위원회는 높은 실업률이 지속되는 상황에서 경제성장률을 제고하기 위해서는 3차 수량완화정책이 필요하다고 발표합니다. 올해 경제성장률이 2%에 미달하면서 연말에 실업률이 8%를 초과하고 인플레이션율이 장기균형치 2%에 미달할 것으로 예상되므로, 매월 400억달러의 주택담보부증권을 구매하여 주택시장을 부양하겠다는 것이지요. 따라서 연말까지 매월 850억달러의 장기채권을 구매하는 셈인데, 오퍼레이션트위스트로 구매하는 장기국채가 매월 450억달러이기 때문이에요.

그런데 3차 수량완화정책이 여기에 그치는 것이 아니라는 사실에 주목할 필요가 있습니다. '물가안정을 저해하지 않으면서도 노동시장의 전망이 본질적으로(substantially) 개선될 때까지' 대규모의 자산을 추가적으로 구매할 것이고 또 그 밖의 정책수단도 동원할 것이라고 발표하거든요.

동시에 연방공개시장위원회는 제로금리정책을 '적어도 2015년 중반까지'(at least through mid-2015) 유지한다고 발표하는데, 올해 1월의 결정을 6개월 정도 연장하는 셈입니다. '경기회복이 견실해진 이후에도 상당 기간 동안(for a considerable time)' 통화완화정책이 필요하기 때문이라는 것이에요.

연방공개시장위원회 직후에 열린 기자회견에서 버냉키는 몇 가지 설명을 보충합니다. 먼저 내년에 오퍼레이션트위스트가 종료되더라도 매월 구매하는 장기채권의 규모를 850억달러로 유지하겠다고 답변하지요. 이미 지적한 것처럼, 노동시장의 전망이 본질적으로 개선될 때까지 대규모의 자산을 추가적으로 구매하겠다는 발표를 좀 더 구체화하는 셈이에요.

또 그는 3/4분기에 실업률이 하락한 것은 경기회복과 무관하다고 강조합니다. 실망실업자의 증가로 인해 경제활동참가율, 즉 노동자와 인구의 비율이 하락했기 때문이에요. 특히 7월에 6.7%포인트이던 공식실업률과 비공식실업률의 격차는 8월에 6.6%포인트로 하락하다가, 이미 지적한 것처럼, 9월에는 급기야 6.9%포인트로 확대되지요.

나아가 그는 실업률이 5-6%를 초과하는 한 인플레이션율이 2%를 초과하는 것을 일시적으로 용인할 수 있다고 답변하기도 합니다. 올해 1월의 연방공개시장위원회는 이것을 완전고용과 물가안정이라는 연준의 이중위임(dual mandate)에 적합한 '균형 잡힌 접근법'(balanced approach)이라고 부른 바 있지요.

연준의 이중위임에 대해서는 논란이 많습니다. 최종목표(ultimate target, goal)에 물가안정뿐만 아니라 완전고용도 포함된다는 사실은 연준이 재무부로부터 독립되어 있지 않다는 반증이지요. 물론 정책수단(tool, instrument)을 선택하는 연방공개시장위원회의 구성에서는 독립되어 있지만요. 새케인즈주의의 대표자 중 한 사람인 피셔가 중앙은행의 독립에서 '최종목표의 독립'(goal independence)과 '정책수단의 독립'(instrument independence)을 구별하는 것은 이 때문이에요.

민주당과 달리 공화당 일각에서는 유럽중앙은행(ECB)처럼 연준의 최종목표에서도 완전고용을 폐기하고 물가안정만 유지할 것을 주장합니다. 연준이 정책수단뿐만 아니라 최종목표에서도 재무부로부터 독립해야 한다는 것이에요. 이런 측면에서 공화당 일각의 신보수주의와 민주당의 신자유주의를 구별할 필요가 있지요.

공화당은 3차 수량완화정책이 발표되자 오바마의 재선을 지원하기 위한 미봉책이라고 비난하기도 합니다. 특히 대선 후보인 롬니는 자신이 당선될 경우 2014년 1월에 재임 4년의 임기가 만료되는 버냉키의 3차 연임에 반대하겠다고 협박까지 하고요. 그러나 버냉키는 연준이 비당파적(non-partisan)이고 탈정치적(apolitical)이라고 반박하지요.

국제경제연구소(IIE)의 연구원 존슨은 3차 수량완화정책을 계기로 재발되고 있는 합법성(legitimacy)에 대한 논란을 종식시키기 위해서는 연준이 좀 더 적극적으로 대응할 필요가 있다고 주장합니다. 특히 대형은행의 겸업화를 해체하는 것은 당장 불가능하다고 하더라도, 현재 4%에 불과한 자본비율, 즉 자본과 자산의 비율을 인상할 필요가 있다는 것이지요. 수량완화정책을 비롯한 비전통적 통화정책은 결국 대형은행의 파산을 예방하기 위한 것이고 그 결과 대마불사(TBTF)로 인해 좀비은행이 양산되는 악순환이 지속되는 셈이라고 할 수 있거든요.

요컨대 3차 수량완화정책은 1차 수량완화정책처럼 주택담보부증권을 구매하는 것입니다. 1차 수량완화정책과 비교할 때 2차 수량완화정책이나 오퍼레이션트위스트의 효과가 작았다는 것이 중론인데, 그 이유 중 하나는 주택담보부증권이 아니라 장기국채를 구매하기 때문이지요. 따라서 버냉키가 말하는 주택시장의 침체라는 경제성장의 역풍에 대처하기 위해서는 역시 장기국채가 아니라 주택담보부증권을 구매해야 한다는 것이에요.

「2010-11년 정세분석」에서 3차 수량완화정책을 연준의 '최종병기'라고 부른 적이 있는데, 그렇다고 하더라도 이번 발표는 아주 예외적입니다. 기한을 특정하지 않는 '무기한의'(open-ended) 수량완화정책이거든요. 비록 절반도 채 안 되는 규모로 시작하지만, 결과적으로는 1차 수량완화정책에 필적하거나 아니면 그것을 초과할 것이라는 예상이 제시되는 것은 이 때문이에요. 2009년 12월부터 줄곧 수량완화정책의 확대를 주장해온 국제경제연구소의 연구원 가뇽도 이번 발표가 예상치 못한 수준이라고 고백하지요.

세 차례에 걸친 수량완화정책을 위해 연준은 달러를 발행합니다. 그런데 이렇게 발행된 달러는 현금으로 시중에 유통되는 것이 아니라 은행의 지불준비금(지준)으로 연준에 예치되지요. 2008년 10월부터 재무부가 실행한 0.7조달러의 부실자산구제계획(TARP)을 지원하기 위해 연준이 지준에도 0.25%의 금리를 지급하거든요. 버냉키가 줄곧 지적해온 것처럼, 연준의 '출구전략'(exit strategy)은 연방기금금리의 하한인 지준금리의 인상으로 시작될 것이에요.

그런데 버냉키와 함께 금융가속기론을 주장한 바 있는 뉴욕대학의 거틀러는 지준으로 예치된 화폐를 '1일물(overnight) 재무부어음'

이라고 부릅니다. 그는 연준이 일본은행(BOJ)처럼 국채를 '화폐화'(monetizing)하는 것은 아니라고 주장하기도 하는데, 연준의 수량완화정책은 대차대조표의 구성과 동시에 규모도 변화시키는 넓은 의미의 오퍼레이션트위스트라는 것이에요.

재정정책과 달리 통화정책의 효과에는 '전달메커니즘'으로 인한 시차가 존재합니다. 보통 연준의 통화정책은 6개월 이후에 효과가 발생하여 1년 6개월 동안 유지된다고 추정하지요. 따라서 3차 수량완화정책의 효과도 2013년 2/4분기부터 2014년 3/4분기까지 지속된다고 할 수 있어요.

그런데 연방공개시장위원회의 예측에 따르면, 3차 수량완화정책에도 불구하고 2015년 말의 실업률은 장기균형치를 1%포인트 정도 초과하는 6-7%를 유지합니다. 경제성장률이 장기균형치를 1%포인트 정도 초과하는 3.5%이기 때문인데, 버냉키가 요구한 4%에 얼마간 미달하지요. 또 인플레이션율도 장기균형치인 2%에 미달하고요.

나아가 연방공개시장위원회는 경기가 완전히 회복되어 미국경제가 장기균형에 도달하는 것은 2020-21년으로 예측합니다. 달리 말해서 2007년부터 2019-20년까지 지속될 이번 금융위기는 1929년부터 1941년까지 지속된 대불황에 필적한다는 것이지요. 「2012년 1/4분기 정세분석」에서 설명한 것처럼, 더블딥이 발생하지 않더라도 2차 대불황이 이미 시작되었다는 것이에요.

1930년대의 대불황을 극복한 데는 물론 1941년에 일본이 진주만을 공습하면서 미국이 2차 세계전쟁에 참여했다는 사실이 결정적입니다. 그렇다고 해서 이번에도 3차 세계전쟁이 불가피하다는 것은 아니고요. 그러나 그럼에도 불구하고 「2012년 1/4분기 정세분석」에서 설명한 것처럼, 동아시아의 군사정세에 대해서는 예의 주시할 필요가 있지요.

아울러 중국과 일본을 비롯한 동아시아의 영토분쟁에 대한 미국의 입장에 대해서도 주목해야 합니다. 9월에 미국의 국무부장관 힐러리가 중국을 방문하면서 두 나라 사이에 미묘한 갈등이 관측되거든요. 중국이 자신의 국력을 최대한 이용할 수 있는 양자간 협상을 선호하는 반면 미국은 '동아시아의 균형자'를 자임하면서 다자간 협상을 종용한다는 데 갈등의 핵심이 있어요.

서아시아와 달리 동아시아에 대한 정책에서 오바마와 롬니의 차이는 별로 없습니다. 물론 롬니는 자신이 당선되는 대로 중국을 '환율조작국'으로 지정하겠다고 위협하고 있지요. 그러나 엄포로 그칠 공산이 큰데, 예를 들어 롬니를 지지하는 키신저도 이에 반대하고 있거든요. 「2012년 2/4분기 정세분석」에서 설명한 것처럼, 롬니가 당선되더라도 '태평양으로의 선회'(pivot toward/to the Pacific)는 역전불가능한 것이에요.

오바마와 롬니 사이에서 제기되는 쟁점 중에는 국방비의 감축도 있습니다. 오바마 정부가 내년 예산안을 제시하면서 국방비를 부시 정부의 5.5%에서 전후 최저수준인 클린턴 정부의 4%로 감축하겠다는 계획을 발표하거든요. 올해 초에 국방부가 발표한 새로운 군사정책도 이런 계획을 반영하는 것이고요. 그런데 국방비 감축은 2011년 7월에 민주당과 공화당의 합의로 통과된 예산통제법(BCA)에 따른 것이므로, 롬니의 비판은 데마고기일 따름이지요.

연준의 3차 수량완화정책 발표에 1주일 앞선 9월 6일에 유럽중앙은행은 스페인과 이탈리아의 구제금융에 적극적으로 개입하겠다고 발표합니다. 「2012년 2/4분기 정세분석」에서 설명한 것처럼, 스페인과 이탈리아의 구제금융을 위해서는 10월에 출범할 유럽안정기구(ESM)의 자본 0.5조유로가 크게 부족하다는 문제가 있는데, 이런 문제를 해결하기 위해 유럽중앙은행이 개입하겠다는 것이에요.

그런데 유럽중앙은행의 발표에는 주목할 사항이 하나 더 있습니다. 그리스나 포르투갈과 달리 스페인이나 이탈리아의 구제금융에는 국제통화기금(IMF)이 참여하지 않을 것이라는 암시가 있거든요. 달리 말해서 그리스·포르투갈과 달리 스페인·이탈리아에 대해서는 구제금융의 조건인 긴축재정을 완화하겠다는 것이에요.

독일의 반대에도 불구하고 유럽중앙은행이 이런 이중기준을 채택한 것은 프랑스가 지지했기 때문입니다. 역시 「2012년 2/4분기 정세분석」에서 설명한 것처럼, 올해 4-6월의 프랑스 대선과 총선에서 긴축재정의 완화를 주장한 사회당이 승리하지요. 그러나 설사 그리스·포르투갈이 스페인·이탈리아와의 차별을 수용한다고 하더라도, 이런 이중기준이 성공할 수 있을지는 불확실한 것이에요.

프랑스는 스페인과 이탈리아에 대한 구제금융이 유럽연합의 붕괴로 인한 손실보다는 작을 것이라고 주장합니다. 그러나 이런 주장은 실현가능성이 불확실한 은행동맹과 재정동맹을 부당전제하고 있어요. 또 자본이 부족한 유럽안정기구를 은행으로 전환하여 유럽중앙은행의 지원을 받을 수 있도록 해야 한다는 주장에도 문제가 있는데, 유럽안정기구든 유럽중앙은행이든 물주는 독일이거든요.

이 대목에서 프랑스와 국제통화기금의 '특수관계'에 대해서도 설명해보겠습니다. 국제통화기금의 총재는 관례적으로 유럽 출신에게 할당되는데, 드골 시대인 1963년부터 프랑스 출신이 거의 독식하다시피 합니다. 캉드시가 13년 동안 재임한 2000년까지 32년 동안이나 프랑스 출신이 총재가 되거든요. 예외적으로 단 한번 네덜란드 출신이 총재가 된 적이 있고요. 캉드시가 1997-98년 동아시아 경제위기에서 보인 눈부신 활약으로 인해 중국이 수출달러의 축적에 집착한 것이 2000년대의 '세계적 불균형'(global imbalance)을 야기한 한 가지 원인이라는 것이 중론이에요.

2000년 이후 독일 출신과 스페인 출신이 한 번씩 총재를 역임하다가 2007년에는 또다시 프랑스 출신인 스트로스-칸이 총재가 됩니다. 또 2011년에 그가 섹스 스캔들로 퇴임하자 역시 프랑스 출신인 라가르드가 총재가 되고요. 이번 금융위기를 해결하기 위해서는 중국·인도를 비롯한 아시아의 '신흥국'을 배려하는 방향으로 국제통화기금을 개혁할 필요가 있다는 미국의 주장에 프랑스를 필두로 유럽연합이 왜 그렇게 반대했는지 짐작이 가는 대목이지요.

북한경제의 개혁·개방에 대한 전망

이제 2011년 12월에 김정일 위원장이 사망하면서 또다시 권력을 세습한 김정은 씨가 북한경제의 개혁·개방을 실행할 것이라는 예상에 대해 검토해보겠습니다. 12월의 대선에서 정권을 탈환하기 위해 일로매진하고 있는 진보주의자들이 김대중 정부의 실패한 햇볕정책을 복원해야 한다고 주장하는 것은 이런 예상을 전제하는 것이에요. 제 코가 석 자인 통합진보당(민주노동당)은 북한과의 연대를 표명할 겨를이 없고요.

먼저 김정일 위원장이 2012년으로 약속한 강성대국의 건설은 그의 사망과 함께 공수표로 돌아갔다는 사실을 확인해두겠습니다. 남한경제와 마찬가지로 북한경제의 국민소득도 한국은행이 추세하는데, 국제경제연구소의 부소장 놀랜드는 방법론적 문제에도 불구하고 그 추세는 대체로 타당하다고 인정하지요.

좀 더 구체적으로 설명해보겠습니다. 1991년부터 1998년까지 감소하던 북한경제의 국민소득은 1999년부터 2005년까지 얼마간 회복하다가 그 후에는 현상을 유지합니다. 1990년을 기준년으로 할 때 1998년에 71%로 감소하던 국민소득은 2011년에 86%까지 회복하지요. 반면 인구는 지속적으로 성장하는데, 2011년 인구는 1990년 인구보다 20% 증가합니다. 그 결과 1인당 국민소득은 2011년에 1990년의 72%에 불과하지요. 게다가 평양과 다른 지역 간의 격차는 더욱 확대되고요. 거주·이전의 자유가 없는 북한에서 평양시민은 일종의 '봉건제적 신분'이거든요. 어느 모로 보나 강성대국과는 거리가 먼 것이 북한경제의 실정이에요.

이런 상황에서 김정은 씨가 북한경제의 개혁·개방을 실행할 것이라는 예상은 한두 가지 사건을 근거로 하는 것입니다. 그가 6월에 새경제관리체제를 선언하고 곧 이어 7월에는 자신의 후견인인 고모부 장성택의 지원을 받아 군부의 대표자 이영호를 숙청하거든요. 그러나 김정은 씨가 4월에 미사일실험을 강행했다는 사실도 잊어서는 안 되겠지요. 또 핵실험을 강행할 가능성도 여전히 상당하고요. 달리 말해서 경제개혁이 선군정치를 대체한다고 예단하는 것은 별로 근거가 없다는 것이에요.

놀랜드와 그의 동료 해거드가 강조하는 것처럼, 경제개혁과 선군정치의 병행은 이미 선례가 있습니다. 1994년에 김일성 주석으로부터 권력을 세습하면서 선군정치와 동시에 경제개혁을 제창한 김정일 위원장이 2002년에 경제관리개선조치를 시도한 것이 그것이지요. 그러나 2005년에 개혁조치가 실패하면서 2009년에는 통화개혁을 단행하는데, 이것은 2008년부터 뇌졸중으로 건강이 악화된 김정일 위원장에게서 권력세습을 준비하던 김정은 씨가 주도했다는 관측이 있어요. 2006년과 2009년 두 차례에 걸쳐 핵·미사일실험을 강행한 것은 물론 선군정치의 건재를 과시한 것이고요.

따라서 김정은 씨는 김정일 위원장의 정책을 충실하게 승계하고 있다고 해석할 수 있습니다. 이번에 이영호가 숙청된 것은 선군정치와 경제개혁을 재결합하는 과정에서 야기된 갈등 때문이라고 해석할 수 있고요. 물론 28세의 김정은 씨가 권력을 세습하는 데 따라 세대를 교체할 필요성도 있겠지만요. 김정은 씨가 김정일 위원장의 정책을 승계할 수밖에 없는 것은 그의 권력의 유일한 정당성이 부자세습이라는 데 있을 따름이기 때문이에요.

물론 정책을 승계하면서도 리더십스타일은 변화시킬 수 있을 것입니다. 김정은 씨가 부친인 김정일 위원장보다는 오히려 조부인 김일성 주석의 리더십스타일을 모방한다는 관측이 많아요. 하기야 외모나 언변부터가 부친이 아니라 조부를 쏙 빼닮았거든요. 또 김정은 씨는 해외유학파답게 부인 이설주 씨와 함께 공개석상에 나타나기도 합니다. 이것이 현실사회주의의 역사에서는 유례가 없는 독창적 리더십스타일인지 아니면 북한에서도 인민주의적 이미지정치가 대두하는 조짐인지는 물론 좀 더 두고볼 일이겠지요.

보론: 명목국민소득목표제

명목국민소득목표제에 대해 간단하게 설명해두겠습니다. 『현대경제학 비판』(공감, 2011)에서 설명한 것처럼, 연준은 통화량이 아니라 이자율을 중간목표(intermediate target)로 설정하는데, 이중위임을 고려하여 이자율을 결정하는 이자율목표제의 공식이 바로 '테일러의 규칙'이지요. 반면 통화량목표제가 채택된 것은 아주 예외적인 경우일 따름이에요. 1979-82년에 당시 연준이사회 의장이던 볼커가 감행한 '통화주의 쿠데타'가 그것이지요.

통화량목표제는 물가안정이라는 최종목표를 달성하기 위해 통화량이라는 중간목표를 설정해야 한다는 주장입니다. 이런 주장은 새뮤얼슨의 케인즈주의를 비판하면서 프리드먼의 통화주의가 제시한 화폐수량설의 기본방정식 $PY_r = MV$(단, P는 물가, Y_r은 실질국민소득, M은 통화량, V는 통화유통속도(상수)), 즉 장기적으로 실질국민소득 Y_r도 상수일 때 물가 P와 통화량 M의 비례관계를 근거로 하는 것이지요.

볼커 이후에도 통화량목표제를 부활시키려는 시도가 계속됩니다. 1990년대에 제기되었다가 이번 금융위기를 계기로 또다시 주장되고 있는 명목국민소득목표제가 대표적인 시도이지요. 명목국민소득목표제는 $PY_r = MV$를 $Y = MV$(단, $Y \equiv PY_r$은 명목국민소득)로 변형하는 셈이거든요. 달리 말해서 통화량이라는 중간목표를 통해 명목국민소득안정이라는 최종목표를 달성한다는 것이에요.

물론 통화량목표제와 명목국민소득목표제에는 차이도 있는데, 전자와 달리 후자는 장기가 아니라 단기에 적용하기 위한 것이기 때문입니다. 예를 들어 경기회복이 지지부진한 현재의 상황에서 통화량 M의 증가를 통해 실질국민소득 Y_r을 증가시키거나 아니면 물가 P를 상승시킴으로써 명목국민소득 $Y \equiv PY_r$을 증가시킬 수 있다고 주장하는 셈이거든요.

로머가 명목국민소득목표제를 주장하는 것은 이 때문입니다. 그

녀는 금융위기가 심화되기 이전인 2007년의 명목국민소득과 그 성장률 4.5%를 기준으로 제시하는데, 당시 실질국민소득의 성장률, 즉 경제성장률은 2.5%이고 인플레이션율은 2%이지요. 그런데 금융위기로 인해 경제성장률은 물론이고 인플레이션율도 하락하면서 그 결과 현재의 명목국민소득은 장기균형치에 10% 정도 미달한다는 것이에요.

명목국민소득이 장기균형치를 회복하기 위해서는 당분간 명목국민소득의 성장률이 4.5%를 초과해야 할 필요가 있다는 것이 로머의 주장입니다. 달리 말해서 경제성장률이 2.5%를 초과하거나 그렇지 못할 경우에는 인플레이션율이 2%를 초과해야 한다는 것이에요. 또 그렇게 하기 위해서는 통화량을 증가시켜야 하는데, 수량완화정책이 효과적일 수 있다고 주장하고요.

그런데 이미 설명한 것처럼, 버냉키의 주장도 로머의 주장과 대동소이한 것입니다. 실업률이 5-6%를 초과하는 한 인플레이션율이 2%를 초과하는 것을 일시적으로 용인할 수 있다고 하거든요. 달리 말해서 연준의 이중위임에 적합한 '균형 잡힌 접근법'과 명목국민소득목표제는 명칭만 상이한 것이지 그 내용은 거의 동일하다고 할 수 있어요.

2012년 4/4분기 정세분석

2012년 4/4분기 경제정세를 2013년 1월 현재 미국을 중심으로 간단하게 분석해보겠습니다.

범태평양파트너십

주요 경제지표를 보면, 13600에서 12500으로 하락하던 다우존스는 13100을 회복하고, 온스당 1800달러에서 1680달러로 하락하던 금값은 잠시 반등하다가 결국 1670달러로 하락합니다. 반면 상승세를 지속한 케이스-실러지수(2개월 시차)는 11월에 157에 도달하지요. 또 12월에도 실업률은 7.8%를 유지하지만, 공식실업률(U-3)과 비공식실업률(U-6)의 격차는 6.6%포인트로 하락하고요.

4/4분기 정세의 핵심은 역시 11월 6일의 대통령선거라고 할 수 있습니다. 오바마 대통령이 롬니 후보의 거센 도전을 물리치고 결국 재선에 성공하면서 2007-09년 금융위기 이후의 정책은 2016년까지 연속성을 확보한 셈이지요. 물론 2014년 1월까지 임기인 버냉키가 연방준비제도(Fed, 연준) 이사회의 의장직을 세 번째로 연임할지는 분명치 않지만요.

「2012년 1/4분기 정세분석」에서 설명한 것처럼, 오바마 정부는 이미 '태평양으로의 선회'(pivot toward/to the Pacific)를 선언한 바 있습니다. 따라서 2기에 추진할 핵심 정책은 역시 아시아태평양자유무역협정(FTAAP)이라고 할 수 있는데, 「2010-11년 정세분석」에서 설명한 것처럼, 이것은 2007-09년 금융위기에 대응하는 '플랜 B'라고 할 수 있지요.

여기서는 아시아태평양자유무역협정의 발단인 범태평양파트너십(TPP)에 대해 좀 더 자세하게 설명해보겠습니다. 범태평양파트너십은 2008년에 협상을 시작하고 2012년에는 캐나다와 멕시코도 참여하는데, 오바마 정부는 2013년까지 협상을 완료한다는 목표를 설정하고 있지요. 또 아시아태평양자유무역협정은 2010년대에 협상을 완료한다는 것이 목표이고요.

현재 범태평양파트너십의 협상에 참여하는 나라는 모두 11개국입니다. 북미자유무역협정(NAFTA)을 체결한 미국·캐나다·멕시코 이외에도 남미의 칠레·페루, 오세아니아(大洋洲)의 오스트레일리아·뉴질랜드, 아세안(ASEAN, 동남아시아국가연합)의 싱가포르·말레이시아·베트남·브루나이가 있어요. 이 나라들이 세계에서 차지하는 비중은 국민소득의 30%, 무역의 20%이지요.

범태평양파트너십은 북미자유무역협정을 일단 태평양자유무역협정으로 확대하는 셈입니다. 나아가 태평양자유무역협정을 아시아태평양자유무역협정으로 발전시키기 위해서는 일본과 남한의 참여가 결정적이라고 할 수 있어요. 그럴 경우 범태평양파트너십이 세계에서 차지하는 비중은 국민소득의 40%, 무역의 30%로 상승하지요.

그런데 명실상부한 아시아태평양자유무역협정은 역시 중국을 포섭해야 합니다. 1997-98년 경제위기 이후에 형성된 동아시아 지역 분업을 고려할 때 중국을 배제한 아시아태평양자유무역협정은 어불성설이거든요. 그러나 아시아태평양자유무역협정에서 주도권을 행사하기 위해서는 먼저 일본과 남한이 참여하는 범태평양파트너십을 실현해야 한다는 것이 미국의 입장이에요.

물론 11월에 시진핑으로 권력이 이양된 중국도 범태평양파트너십에 대한 대안으로 2013년부터 한-중-일자유무역협정을 추진할 예정입니다. 그러나 12월 총선에서 재집권에 성공한 자민당의 아베 정부는 한-중-일자유무역협정이 아니라 범태평양파트너십에 참여할 가능성이 높지요. 역시 12월 대선에서 재집권에 성공한 한나라당/새누리당의 박근혜 정부도 2012년에 이명박 정부가 시작한 한-중자유무역협정의 협상을 진행하면서 범태평양파트너십에도 참여할 가능성이 높고요.

어쨌든 향후 아시아태평양에서 미-중간 갈등이 고조될 가능성이 아주 크다고 할 수밖에 없습니다. 게다가 「2012년 1/4분기 정세분석」에서 설명한 것처럼, 양국의 경제적 갈등이 군사적 갈등으로까지 발전할 가능성도 있고요. 범태평양파트너십과 태평양으로의 선회는 동전의 양면이거든요.

이런 상황에서 북한의 김정은 씨가 12월에 김정일 위원장 사망 1주기를 기념한다는 명분으로 미사일실험을 재개합니다. 김일성 주석 탄생 100주년을 기념하기 위한 4월의 미사일실험이 실패한 것을 만회하는 셈이기도 하고요. 또 7월의 이영호 숙청에서 절정에 도달한 군부 인사도 마무리하는데, 연평도 포격을 강행한 데다가 일설에는 천안함 침몰에도 연루된 김격식을 복권시키거든요.

그런데 이번 미사일실험의 성공은 기념일을 위한 '축포'(祝砲)라는 의미 이상의 것입니다. 이미 확보한 핵무기로 미국 본토를 타격할 수 있는 대륙간탄도미사일(ICBM)의 개발에 도전했다는 의미도 있기 때문이지요. 물론 핵무기를 미사일에 장착할 수 있는 핵탄두로 소형화하는 새로운 핵실험이 필요하지만요. 김정일 위원장의 선군정치에 충실한 김정은 씨가 부친의 유훈에 따라 강성대국의 건설에 매진하고 있다는 방증이라고 할 수밖에 없는 대목이에요.

서아시아의 상황은 훨씬 심각합니다. 11월에 이스라엘과 팔레스타인의 무력충돌이 발생하거든요. 다행스럽게도 8일만에 휴전이 성립하지만요. 이번 무력충돌은 요르단강 서안(西岸)을 통치하는 파타(팔레스타인민족해방운동)와 대립하면서 가자지구를 통치하는 하마스(이슬람저항운동)와 관련됩니다. 1959년에 아라파트가 창설한 파타는 아랍민족주의 정파인 반면 1987년의 인티파다(봉기)를 계기로 창설된 하마스는 2011년에 '아랍의 봄'을 주도한 이집트의 무슬림형제단과 관련된 범이슬람주의 정파이지요. 아랍의 봄의 여파로 발생한 시리아의 내전은 오리무중이므로, 논외로 하겠어요.

파타와 하마스의 갈등과 관련해서 「2012년 2/4분기 정세분석」을 보충해두겠습니다. 이스라엘은 인티파다를 진정시키기 위해 1993년에 팔레스타인해방기구(PLO)와 오슬로협정을 체결하는데, 1964년에 아라파트가 결성한 팔레스타인해방기구의 최대 정파는 파타이지요. 오슬로협정으로 서안과 가자지구를 통치하는 팔레스타인자치정부(PA)가 구성됩니다. 형식적으로 여전히 존재하는 팔레스타인해방기구가 실질적으로는 팔레스타인자치정부로 전환된 셈이에요.

그러나 2000년에 이스라엘과의 평화협상이 결렬되면서 인티파다가 재발합니다. 이런 상황에서 2004년에 아라파트가 사망하고, 게다가 2006년의 총선에서는 파타가 하마스에게 패배하지요. 그런데 파타와 팔레스타인자치정부가 권력 이양을 거부하면서 하마스와 무력충돌이 발생합니다. 그 결과 2007년부터 서안은 파타와 팔레스타인자치정부가 통치하는 반면 이집트 접경지대인 가자지구는 하마스가 통치하게 된 것이에요.

어쨌든 이스라엘은 하마스를 테러단체로 간주합니다. 그래서 하마스와의 무력충돌이 불가피한 것인데, 2008년과 2010년에 이어 이번에 세 번째로 발생한 것이지요. 국제여론도 하마스가 아니라 파타에게 우호적인데, 11월에 국제연합(UN)이 팔레스타인자치정부를 바티칸처럼 비회원참관국가로 인정한 것이 그 방증이지요. 1974년에 팔레스타인해방기구가 비회원참관단체로 인정된 지 38년만의 일이고, 1993년에 팔레스타인자치정부가 구성된 지 19년만의 일이에요. 조만간 팔레스타인자치정부가 국제연합의 194번째 정회원국가가 될 것이라는 예상이 많은 편이지요.

오바마가 재선에 성공한 직후인 11월 20일에 버냉키는 「경기회복과 경제정책」을 주제로 뉴욕경제클럽에서 연설을 합니다. 대체적 논지는 8월의 주요국 중앙은행총재 연례심포지엄, 즉 잭슨홀회의에서의 개회연설처럼 3차 수량완화정책(QE3)을 정당화하는 데 있다고 할 수 있지요.

버냉키는 2009년 6월부터 경기가 회복된 이후에도 경제성장률은 2%를 약간 상회할 따름이라는 사실에 주목합니다. 또 인플레이션율은 2%를 유지하는데, 식량과 에너지를 제외한 근원인플레이션율은 1.5%에 불과하지요. 반면 2009년 4/4분기에 10%를 기록한 실업률은 2%포인트 정도 하락하여 8% 수준을 유지하고요.

그는 경제성장률이 저조하고 인플레이션율도 안정적인 이런 상황에서도 실업률이 하락하는 이유는 2007-09년 금융위기를 계기로 잠재성장률이 2.5%에서 2%로 하락했다는 데 있다는 사실을 강조합니다. 잠재성장률은 현실적 경제성장률과 대비되는 잠재적 경제성장률인데, 완전고용 수준의 경제성장률이라는 의미이지요.

잠재성장률이 하락한 데는 고정자본과 관련되는 설비투자의 감소라는 요인 이외에도 노동력과 관련되는 경제활동참가율의 하락과 자연실업률의 상승이라는 요인이 있습니다. 금융위기 이전과 비교할 때, 경제활동참가율은 3%포인트 정도 하락하여 64%에 도달한 것으로 추정되지요. 또 자연실업률, 즉 완전고용 수준의 실업률은 1%포인트 정도 상승하여 6%에 도달한 것으로 추정되고요.

지난 잭슨홀회의 개회연설처럼 이번 연설에서도 버냉키는 경기회복을 저해하는 세 가지 '역풍'(headwind)에 대해 주목합니다. 유럽연합의 재정위기와 은행위기를 논외로 하고 미국의 상황만 거론한다면, 핵심은 역시 주택시장의 부진과 적자재정의 지속불가능성이라는 것이에요.

주택시장에 대해서는 버냉키가 이번 연설 직전에 별도로 언급한 적이 있습니다. 그는 1973-75년이나 1981-82년의 경기침체와 달리 2007-09년 경기침체에서는 주택시장의 회복이 경기회복을 견인하지 못한다는 사실에 주목하지요. 2006년 4월의 227에서 2009년 5월의 152로 하락한 케이스-실러지수가 2010년 5월에 161로 회복하다가 2012년 1월에는 149로 또다시 하락하거든요. 그 후에는 상승세를 지속하여 11월에 157에 도달하지만요.

이번 연설에서 버냉키가 강조하는 가장 중요한 역풍은 역시 내년 초로 예상되는 '재정절벽'(fiscal cliff) 및 국채상한과 관련되는 적자재정의 지속불가능성입니다. 국민소득 대비 적자재정의 규모가 2009년의 10%에서 2012년의 7%로 하락했지만, 여전히 지속불가능한 수준이라고 할 수밖에 없거든요. 달리 말해서 유럽연합처럼 미국에서도 재정위기가 발생할 가능성이 있다는 것이에요.

2011년 8월의 잭슨홀회의 개회연설에서 이미 버냉키는 재정위기의 가능성에 대비하면서 재정절벽과 국채상한이라는 문제를 해결할 필요성이 있음을 강조한 바 있습니다. 재정절벽이 발생한다면, 2010년 3/4분기부터 우려하던 '더블딥'(double dip, 이중침체)이 발생할 것이고, 게다가 국채상한의 인상에 실패한다면, 2011년 8월 같이 국가신용등급이 강등되는 사태가 재발할 것이기 때문이지요. 재정위기와 달러위기의 가능성에 대해서는 조금 이따가 설명하겠어요.

12월 11-12일의 연방공개시장위원회(FOMC)는 연말에 오퍼레이션트위스트가 종료된 이후에도 장기국채를 계속 구매하되, '처음에는'(initially) 오퍼레이션트위스트와 동일한 속도로 매월 450억달러를 구매하겠다고 발표합니다. 이런 정책은 이미 9월의 발표에서 예고되었던 것이에요.

이번 발표에서 주목할 사항은 제로금리정책의 시한 대신 역치(閾値, threshold)를 제시하면서 '균형 잡힌 접근'(balanced approach)에 대한 설명을 부연한 것입니다. '적어도 2015년 중반까지'라는 표현 대신 '적어도 실업률이 6.5%를 초과하고, 또 1-2년 이후의 인플레이션[율]에 대한 예상이 2.5%를 초과하지 않는 한'이라는 표현을 사용하거든요. 『현대경제학 비판』(공감, 2011)에서 설명한 '테일러의 규칙'과 '오쿤의 법칙'을 이용하면, 연준이 완전고용 수준의 이자율을

-0.25% 내지 0%로 추정하고 있음을 알 수 있는 대목이지요.

12월에 미국국제그룹(AIG)의 재사유화가 완료되었다는 사실에도 주목할 필요가 있습니다. 미국국제그룹은 구제금융을 통해 재무부가 80%의 지분을 획득하면서 국유화된 바 있지요. 역시 구제금융을 통해 재무부가 36%의 지분을 획득하여 국유화된 바 있는 씨티그룹은 이미 2010년 12월에 재사유화가 완료되었고요. 씨티그룹보다 미국국제그룹에 대한 지원 규모가 훨씬 큰 것은 골드먼삭스와 아메리카은행(BOA)에 대한 간접 지원도 포함되었기 때문이에요.

국제경제연구소(IIE) 연구원 존슨의 동료인 곽이 강조하는 것처럼, 미국국제그룹의 국유화와 씨티그룹의 국유화에는 차이가 있다는 사실에 주목할 필요가 있습니다. 전자는 소유자를 청산할 뿐만 아니라 관리자도 교체하여 기업지배구조(corporate governance)를 변경하는 파산관리(receivership)인 반면 후자는 그렇지 않은 파산후견(conservatorship)일 따름이거든요. 곽은 미국국제그룹과 달리 씨티그룹이 여전히 부실한 것은 기업지배구조가 불변이기 때문이라고 비판하지요. 2012년 3월의 3차 스트레스테스트에서 씨티그룹이 불합격한 것을 보면 일리가 있다는 생각이 들어요.

구제금융을 통해 국유화된 제너럴모터스(GM)의 사정은 씨티그룹보다 열악합니다. 2010년 11월에 재무부의 지분이 61%에서 26%로 감소하지만, 여전히 재사유화가 완료된 것은 아니지요. 재무부가 손실 없이 지분을 매각하려면 현재의 주가가 두 배 정도 상승해야 하거든요. 그러나 오바마 정부는 제너럴모터스를 지원하기 위해 손실을 감수하고서라도 지분의 2/5를 당장 매각하고 나머지 3/5도 내년 중에는 매각할 예정이라고 발표하지요.

제너럴모터스의 금융자회사인 지맥(GMAC)의 사정은 훨씬 열악합니다. 골드먼삭스처럼 은행으로 전환된 지맥에 대한 재무부의 지분은 74%인데, 2012년 1월까지도 구제금융이 지속되었지요. 물론 3월의 3차 스트레스테스트에서도 불합격했고요. 이런 상황에서 지맥의 재사유화는 아직도 요원한 일이에요.

재정위기와 달러위기에 대한 전망

마지막으로 2009년 3월부터 금융위기가 완화되면서 버냉키가 줄곧 주목해온 재정위기와 달러위기의 가능성에 대해 설명해보겠습니다. 재정위기와 달러위기는 동전의 양면일 따름인데, 이런 사실을 깨닫기 위해서는 먼저 19세기 영국의 금본위제와 20세기 미국의 관리통화제의 차이에 대해 알아야 하지요.

『마르크스의 '자본'』(공감, 2009)에서 설명한 것처럼, 금본위제든 관리통화제든 보편적 등가물로서 본위화폐의 가치는 마르크스가 말하는 '노동의 화폐적 표현'의 역수, 즉 추상노동과 국민소득의 비율로 정의됩니다. 그러나 본위화폐의 가치가 결정되는 방식에는 차이가 있지요. 본위화폐가 금화인 금본위제에서는 금의 가치에 의해 결정되는 반면 본위화폐가 지폐인 관리통화제에서는 종이와 잉크의 가치에 의해 결정될 수는 없거든요.

미국의 마르크스주의 경제학자 폴리는 지폐의 가치는 국가의 지불능력에 의해 결정된다고 주장하는데, 금화와 달리 지폐는 국가가 발행하는 부채증서일 따름이기 때문입니다. 쉽게 말해서 국가가 경제적 국가장치인 재무부의 전통적 부채증서로서 국채에 추가하여 또 다른 경제적 국가장치인 중앙은행의 새로운 부채증서로서 지폐를 발행한다는 것이에요.

폴리의 설명을 좀 더 부연해보겠습니다. 국가의 부채증서로서 국채와 지폐의 차이는 전자와 달리 후자에는 만기가 없고, 나아가 전자가 수익성을 제공하는 반면 후자는 유동성을 제공한다는 데 있어요. 국채의 수익성은 이자를 획득할 수 있다는 의미이고, 지폐의 유동성은 상품뿐만 아니라 국채도 구매할 수 있다는 의미이지요. 『현대경제학 비판』에서 설명한 것처럼, 특히 지폐로 국채를 구매할 수 있다는 사실에 주목하면서 관리통화제를 이론화하는 것이 케인즈의 유동성선호(liquidity preference) 개념이나 토빈의 금융자산선택(portfolio choice) 개념이에요.

지폐의 가치가 국가의 지불능력에 의해 결정된다는 폴리의 주장은 결국 지폐의 가치는 그것으로 구매할 수 있는 국채의 가치에 의해 결정된다는 의미라고 할 수 있습니다. 마르크스적 관점에서 볼 때, 국채는 고정자본이 대표하는 현실자본(real capital)과 구별되는 가공자본(fictitious/fictive capital)을 대표하므로, 그 가치는 미래의 이자를 할인한 현재의 가치로 정의되지요. 따라서 국채의 가치는 그 이자에 의해 결정된다고 할 수 있어요.

그런데 국채의 이자는 가계와 기업 같은 민간이 부담하는 조세로 지불하는 것입니다. 또 민간의 조세부담능력은 국민소득(national income)에 의해 결정되고, 국민소득은 민부(national wealth, 국부)에 의해 결정되고요. 『현대경제학 비판』에서 설명한 것처럼, 민부를 대표하는 것이 고정자본이므로, 미래이자의 현재가치인 국채의 가치는 결국 고정자본이라는 민부에 의해 결정된다고 할 수 있지요. 『마르크스의 '자본'』에서 관리통화제를 민부본위제라고 부른 것은 이 때문이에요.

이제 민족경제의 대차대조표를 연결해볼 수 있습니다. 먼저 중앙은행의 자산과 부채는 국채와 지폐이고, 재무부의 자산과 부채는 조세(미래조세의 현재가치)와 국채이지요. 중앙은행의 자산이자 재무부의 부채인 국채는 상쇄되므로, 결국 국가의 자산은 조세이고 부채는 지폐인 셈이에요. 반면 민간의 자산은 고정자본이고 부채는 조세이지요. 물론 민간의 자산에 지폐와 국채가 포함될 수도 있는데, 그럴 경우 민간의 부채는 지폐와 국채를 공제한 순조세이고요. 국가의 자산이자 민간의 부채인 조세가 상쇄되므로, 결국 민족경제의 자산은 고정자본이고 부채는 지폐인 셈이에요.

세계시장에서 드러나는 금본위제와 관리통화제의 차이에도 주목할 수 있습니다. 폴리의 스승격인 프랑스의 마르크스주의 경제학자 브뤼노프가 강조하는 것처럼, 금화와 달리 지폐는 민족화폐일 따름이지 세계화폐는 아니거든요. 금본위제와 달리 관리통화제에서는 민족화폐와 세계화폐를 구별해야 한다는 것이에요.

1944년의 브레튼우즈협정은 달러와 금의 태환을 보장하는 금-달러본위제를 통해 민족화폐인 달러가 세계화폐로 기능할 수 있는 조건을 확립합니다. 그런데 1971년에 금-달러본위제가 폐기된 이후에도 여전히 달러가 민족화폐이자 세계화폐로 기능하면서 '발권이익'(seigniorage)을 향유한다는 데 문제가 있어요. 브뤼노프는 이것을 '지속불가능한 화폐적 제국주의'라고 부른 적이 있는데, 물론 화폐적 제국주의 대신 금융세계화라고 하는 편이 좋겠지요.

그러나 드골과 그의 경제보좌관 뤼프가 비난한 것처럼, 달러의 발권이익을 '부당한 특권'(exorbitant privilege)이라고 부를 수는 없습니다. 달러의 유동성을 이용하여 재무부증권이라고 불리는 미국 국채의 수익성을 획득할 수 있거든요. 유로가 달러를 대체할 수 없는 것은 재무부증권에 필적할 수 있는 '유로증권'(Eurobond), 즉 유럽연합(EU)의 공동국채가 백일몽일 따름이기 때문이에요. 이런 사정은 전세계의 외환보유액을 구성하는 것이 대부분 달러라는 사실에 의해 반증됩니다. 금융세계화가 전개되는 1980년대 이후 외환보유액에서 달러와 유로(1990년대까지는 마르크와 프랑)가 차지하는 비중은 평균 90%이고, 양자의 비율은 대체로 3:1이지요.

좀 더 구체적으로 설명해보겠습니다. 외환보유액에서 달러가 차지하는 비중은 1970년대에 브레튼우즈체제가 붕괴하면서 달러위기가 발생한 이후에도 60%를 유지하는데, 다만 1985년의 플라자합의 이후 1990년에는 50%로 하락하지요. 그러나 2000년에 70%로 반등하고 2007-09년 금융위기 직전에는 64%로 얼마간 하락합니다. 반면 1985년 이전에 30%를 유지하다가 2000년에 20%로 하락한 유로의 비중은 2007-09년 금융위기 직전에는 26%로 얼마간 상승하지요.

달러나 재무부증권은 유동성이나 수익성을 보장하는 반면 금은 안전성을 보장한다고 할 수 있습니다. 그런데 외환보유액의 변화 추세를 보면 유동성·수익성이 안전성보다 선호된다는 사실을 알 수 있지요. 금융세계화가 전개되는 1980년대 이후에는 전자의 비중이 증가하고 후자의 비중이 감소하거든요. 2000년대에 들어와 선진국에서는 이런 추세가 얼마간 반전되지만, 이른바 '신흥국'을 포함하는 다른 나라에서는 여전하고요.

좀 더 구체적으로 설명해보겠습니다. 먼저 브레튼우즈체제가 붕괴하면서 달러위기가 발생한 1970년대에 모든 나라에서 외환보유액이 급증하다가 1980-90년대에는 이런 추세가 완화되지요. 선진국에서는 1970년의 800억달러에서 1980년의 7600억달러로 급증하다가 2000년에는 1조 5200억달러로 증가하고, 다른 나라에서도 1970년의 200억달러에서 1980년의 2400억달러로 급증하다가 2000년에는 7700억달러로 증가하거든요.

그러나 2000년대에는 외환보유액의 추세가 분기합니다. 선진국에서는 2011년에 4조 8500억달러로 증가하는 반면 다른 나라에서는 2011년에 또다시 7조 2600억달러로 급증하거든요. 이런 현상의 배후에는 물론 1997-98년 동아시아 외환위기에서 국제통화기금(IMF)이 구제금융의 조건으로 부과한 신자유주의적 정책개혁이 반면교사로 작용했다고 할 수 있지요.

2000년대에는 외환보유액에서 금이 차지하는 비중에서도 분기가 발생한다는 사실에 주목해야 합니다. 선진국에서는 1970년의 44%에서 1980년의 66%로 증가하고 2000년에 15%로 크게 감소한 다음 2011년에는 23%로 얼마간 증가하지요. 반면 다른 나라에서는 1970년의 25%에서 1980년의 35%로 증가하고 2000년에 5%로 크게 감소한 다음 2011년에도 여전히 4%를 유지하고요.

2000년대에 이런 분기가 발생한 것은 역시 중국 때문입니다. 2001년에 세계무역기구(WTO)에 가입한 이후 국가경쟁력의 강화를 위해 평가절하정책으로 저임금정책을 보충하면서 막대한 외환보유액을 축적하거든요. 중국의 외환보유액은 전세계 외환보유액 12.1조달러의 1/4이 넘는 3.3조달러로 추정되지요. 또 그 2/3는 달러와 재무부증권으로 추정되고요. 반면 전세계 외환보유액 중 2만 5천톤으로 추정되는 금의 2/3는 미국과 유럽연합이 반분하여 보유하는 반면 중국은 거의 보유하지 않아요.

그런데 전세계 외환보유액에서 달러와 재무부증권이 차지하는 비중이 여전히 2/3라고 해서 달러위기와 재정위기의 가능성을 부정할 수는 없습니다. 2007-09년 금융위기에 대응한 재무부와 연준의 정책에 의해 민간의 부채가 국가의 부채로 이전된 결과 금융위기가 재정위기와 달러위기로 변형될 수 있거든요.

이런 맥락에서 슬론재단의 후원으로 펜실베이니어대학의 와튼스쿨(경영대학원)과 로스쿨이 공동으로 주최한 학술회의가 재무부증권의 지속가능성을 주제로 채택한 것은 의미심장한 일입니다. 존슨의 동료 곽도 참가한 이 학술회의는 2012년 5월에 개최되었는데, 그 논문집이 11월에 출판되었지요.

먼저 2007-09년 금융위기를 계기로 재무부증권의 수익률이 하락세를 지속한다는 사실에 주목할 수 있습니다. 예를 들어 10년 만기 재무부증권의 수익률은 1998-2007년의 4.9%에서 2009-10년의 3.2%로 하락하는데, 2011년에도 하락세를 유지하여 8월에 국가신용등급이 강등된 이후에는 2%까지 하락하지요. 쉽게 말해서 금융위기가 폭발하면서 금을 제외한다면 재무부증권이 거의 유일한 '안전자산'(safe haven)으로 간주되고 있다는 것이에요.

그러나 2011년 8월의 잭슨홀회의 개회연설에서 버냉키가 강조한 것처럼, 미국경제가 '기존의 성장추세만으로 재정불균형이라는 문제를 해결할'(grow its way out of [the] fiscal imbalances) 수는 없습니다. 따라서 유럽연합에 이어 미국에서도 재정위기의 가능성이 제기되는 것이고, 만일 재정위기가 발생할 경우 그것은 곧 달러위기의 발생을 의미하는 것이지요.

펜실베이니어대학 학술회의에서 재정위기와 달러위기를 예방하는 방법이 검토된 것은 우연이 아닙니다. 최선의 방법으로서 경제성장을 통한 증세가 실행불가능한 상황에서는 국가가 소유한 자산을 매각하는 차선의 방법을 동원해야 한다는 것이에요. 선진국에서도 국가자산을 매각한 사례가 있는데, 1980년대 영국의 새처 정부가 대표적이지요. 현실사회주의를 논외로 할 때, 1990년대 아르헨티나의 메넴 정부나 남한의 김대중 정부가 대표적이고요.

재무부에서 부실자산구제계획(TARP)의 관리와 금융개혁법(도드-프랭크법)의 입안에 참여한 바 있는 밀스틴에 따르면, 2011년 말 현재 국가자산의 장부가치는 4조달러입니다. 그 중 금융자산은 1.4조달러인 반면 실물자산은 1.7조달러인데, 실물자산 중 군사용은 0.9조달러인 반면 비군사용은 0.8조달러이지요. 나머지는 0.46조달러의 토지와 0.48조달러의 자원채굴권이고요.

밀스틴은 일차적으로 매각을 고려할 수 있는 국가자산은 토지와 자원채굴권으로 그 시장가치는 장부가치의 3-4배인 2.5-3.5조달러라고 주장합니다. 여기에 금융자산 1.4조달러와 비군사용실물자산 0.8조달러까지 추가하면 국가자산의 매각으로 조달할 수 있는 자금은 최대 4.7-5.7조달러인데, 이것으로 재무부증권 15.2조달러 중 민간보유액 10.5조달러의 절반을 청산할 수 있다는 것이 그의 논지이지요. 국민소득이 15.1조달러이므로, 국민소득 대비 민간보유국채의 비중을 70%에서 절반으로 하락시킬 수 있다는 것이에요.

미국의 국가자산에는 비군사용실물자산이 별로 없습니다. 2차 세계전쟁 이후 다른 나라에서는 교통(철도·항공)·통신(전신·전화·우편), 전기·가스·수도 같은 사회간접자본(SOC)은 물론이고 철강이나 은행 같은 전략부문도 국유화하는 경우가 있었지요. 그러나 미국에는 공기업이 거의 없어요. 심지어 중앙은행인 연준도 법적으로는 연준회원은행이 소유하는 주식회사일 따름이에요.

이런 측면에서 보면, 신자유주의의 핵심이 공기업의 사유화일 수는 없습니다. 사실 공기업은 자본주의의 선진성이 아니라 후진성을 상징하는 것이에요. 1980-90년대에 전세계적으로 국민소득의 생산에서 공기업이 차지하는 비중은 10%에서 6%로 하락하지요. 고소득국은 6%에서 5%로 거의 불변인 반면 중소득국은 10%에서 6%로 1/2 정도 하락하고 또 저소득국은 16%에서 5%로 2/3 정도 하락하거든요. 새처 시대의 영국만은 예외적인데, 10%에서 0%로 하락하면서 공기업이 거의 소멸하지요.

보론: 미국 비즈니스노조의 역사

『금융위기와 사회운동노조』(공감, 2008)에서 2007-09년 정세분석과 관련하여 유럽을 중심으로 노동자운동의 전망에 주목한 적이 있는데, 여기서는 2010-12년 정세분석과 관련하여 미국을 중심으로 비즈니스노조의 역사에 주목해보겠습니다. 무디의 『미국 노조주의의 쇠퇴』(1988; 개정판, 1997)와 『미국 노동의 곤경과 이행』(2007)을 주로 참조하겠어요. 1979년에 월간 『노동 비망록』(*Labor Notes*)을 창간한 바 있는 무디는 미국의 대표적인 트로츠키주의 노조활동가이지요.

『일반화된 마르크스주의 개론』(공감, 2006; 개정판, 2008)에서 설명한 것처럼, 미국에서 자본주의가 본격적으로 발전한 계기는 1861-65년의 남북전쟁이었습니다. 동시에 노동자운동도 출현했는데, 1886년에 숙련공 중심의 직능별노조(craft union)인 미국노동연맹(AFL)이 결성되었고, 1935년에 반(半)숙련공 중심의 산업별노조(industrial union)인 산업별조직회의(CIO)가 결성되었으며, 1955년에 양대 조직이 통합된 미국노총(AFL-CIO)이 결성되었지요.

산업별조직회의가 미국노동연맹을 흡수통합한 셈인 미국노총은 직능별노조가 아니라 산업별노조를 계승했습니다. 그러나 무디가 비판하는 것처럼, 미국노동연맹의 비즈니스노조(business union)를 계승하기도 했다는 데 문제가 있지요. 사실 양대 조직이 통합될 수 있었던 것은 대불황과 세계전쟁을 거치면서 산업별조직회의가 비즈니스노조를 수용했었기 때문이라고 할 수도 있거든요.

미국노동연맹의 창설자 스트라서는 비즈니스노조를 '순전한 노조'(pure and simple union)로 정의합니다. 노조에게는 '궁극적 목표'(ultimate ends)란 존재하지 않으며 다만 '당면한 목표'(immediate objects)만 존재할 따름이라는 것이에요. 그런 노조는 단체협상이라는 서비스의 공급자인데, 그래서 비즈니스노조, 즉 기업(business)으로서 노조라고 부르는 것이에요. 또 노동자는 노조라는 기업이 공급하는 서비스로서 단체협상의 수요자일 따름이고요.

비즈니스노조를 기업노조라고 번역할 수는 없습니다. 일본이나 남한의 기업별노조(company union)와 혼동할 우려가 있거든요. 보통 실리노조라고 의역하는데, 여기서 실리는 단체협상을 통해 획득되는 임금과 노동조건 같은 경제적 이익이라는 의미이지요. 'business'에는 기업 이외에 실무라는 의미가 있으므로 실무노조라고 직역할 수도 있을 것인데, 여기서 실무는 단체협상과 관련되는 실무라는 의미이겠고요. 그러나 번역하지 않고서 그냥 비즈니스노조라고 하는 편이 좋겠어요. 방금 설명한 것처럼, 비즈니스노조의 의미는 본래 기업으로서 노조이거든요.

어쨌든 비즈니스노조가 노조의 조직노선을 의미하는 것이 아니라는 사실에 주목할 필요가 있습니다. 미국노동연맹이 직능별로 조직된 비즈니스노조인 반면 산업별조직회의는 산업별로 조직된 비즈니스노조이거든요. 달리 말해서 노조의 조직노선보다 훨씬 더 중요한 것이 있다는 사실에 주목해야 한다는 것인데, 그것이 바로 노동자운동의 당면한 목표가 아니라 궁극적 목표를 상징하는 공산주의적이고 마르크스주의적인 이데올로기라는 것이 제 생각이에요.

『금융위기와 사회운동노조』에서 설명한 것처럼, 국제노동자연합(제1 인터내셔널) 시기의 마르크스는 자신의 조직역량을 경제투쟁에만 동원하는 노조는 '총체적으로 실패한다'고 비판하는데, 그런 노조가 바로 비즈니스노조입니다. 마르크스가 그 대안으로 제시한 경제투쟁보다 '더 광범위한 운동'에 참여하는 노조를 사회운동노조(social-movement union)라고 부를 수 있다는 것이 제 생각이에요. 사회운동노조에서 중요한 것은 물론 노조의 조직노선이 아니라 노동자운동의 이데올로기이고요.

미국노총이 비즈니스노조로 전환된 데는 뉴딜주의, 즉 케인즈주의에 의해 현대화된 자유주의라는 이데올로기를 수용했다는 사실이 결정적이었습니다. 뉴딜주의에서는 노동자야말로 미국식 '중산층'(middle class)의 대표자였는데, 이런 자유주의적 이데올로기의 경제적 토대가 바로 생산성임금(productivity wage)이었지요. 1960년대 케네디-존슨 정부 시절이 윌슨의 '보통 사람들의 위대한 사회'를 실현한 미국 자본주의와 노동자계급의 황금기였어요.

전후 미국에서 형성된 노동자계급을 독일이나 프랑스의 노동자계급과 구별할 필요가 있습니다. 전자가 자유주의적 생산성임금을 통해 중산층화될 수 있었다면, 후자가 중산층화된 것은 보수주의적 사회임금(social wage) 덕택이었어요. 독일이나 프랑스의 사회임금이 사회민주주의에 고유한 것이라고 할 수는 없는데, 미국의 자유주의에서처럼 스웨덴이나 영국의 사회민주주의에서도 사회임금의 비중은 크지 않았기 때문이지요. 자세한 설명은 『사회과학 비판』(공감, 2011)을 참조하세요.

미국 노동자운동의 특징은 마르크스주의적 공산주의와 결합한 적이 없다는 데 있습니다. 그러나 비(非)마르크스주의적 급진주의와 결합한 것도 아닌데, 반(反)마르크스주의적 산업별노조를 지향한 노동기사단([Noble and Holy Order of the] Knights of Labor, 1869-1949)이나 아나코-생디칼리즘적 산업별노조를 지향한 세계산업노동자(IWW/Wobblies, 1905-)도 미국노동연맹이나 산업별조직회의와의 경쟁에서 패퇴하고 말거든요.

물론 미국의 신좌파 역사학자 불이 『미국의 마르크스주의』(1987; 재개정판, 2013년 예정)에서 지적한 것처럼, 예외적인 시기도 있었습니다. 마르크스와 엥겔스의 친구이자 국제노동자연합 미국지부장이었던 조르게의 시도가 실패한 이후 1917년 러시아혁명을 계기로 미국에서도 마르크스주의가 부활하여 산업별조직회의의 결성을 주도했거든요. 그러나 산업별조직회의가 케인즈주의에 포섭되면서 결국 마르크스주의도 결정적으로 쇠퇴하고 말았어요.

1960년대 학생운동을 계기로 출현한 미국의 신좌파가 마르크스주의를 부활시키려는 시도였다는 불의 주장은 역시 아전인수라고 할 수밖에 없습니다. 헐리웃영화와 텔레비전 같은 미디어가 유포한 통속적 대중문화에서 이데올로기적 반역의 가능성을 추구한 신좌파의 급진주의는 발리바르처럼 말해서 '노조적 좌파주의'에 반대한 '문화적 아나키즘'이었을 따름이거든요.

『역사적 마르크스주의: 이념과 운동』(공감, 2004)에서 설명한 것처럼, 좀 더 일반적으로 앵글로-색슨 노동자운동의 이데올로기에 주목할 필요도 있습니다. 사실 마르크스주의의 비극은 마르크스 자신에게서 시작되었는데, 그의 기대와 달리 영국 노동자운동은 결국 마르크스주의와의 결합을 거부했거든요. 대신 마르크스 이전의 도덕경제론(moral economy)을 현대화한 사회경제론(social economy)과 결합했는데, 그것이 바로 페이비언주의와 케인즈주의였지요. 영국과 스웨덴의 사회민주주의는 물론이고 프랑스와 독일의 사회민주주의조차도 웹 부부의 페이비언주의의 변종이었거나 그것을 대체한 케인스주의의 변종이었을 따름이에요.

그러나 미국 자본주의와 노동자계급의 황금기가 무한히 지속될 수는 없었습니다. 1970년대부터 이윤율이 하락하면서 구조적 위기가 전개되었기 때문이지요. 그 반작용으로 산업과 상업에서 금융서비스와 기업서비스(business service, 재무·기술컨설팅을 포함하는 경영컨설팅)로 무게중심이 이동했는데, 그 결과 경제협력개발기구(OECD)가 강조하는 '지식기반경제'(knowledge-based economy), 즉 산업과 상업 같은 실물경제(real economy)에서 탈피한 서비스경제(service economy)가 출현한 것이에요.

폴리는 실물경제와 달리 서비스경제에서는 이중계산 때문에 국민소득이 과대평가되기 마련이라고 비판합니다. 이 점을 고려하면 전후 미국의 경제성장률은 3.3%에서 2.4%로 1/4 정도 하향 조정되어야 한다는 것이 그의 주장이에요. 폴리는 서비스경제도 팡글로스 박사나 고아소녀 폴리애너처럼 현실성이 없다고 비판하는데, 이 두 인물은 볼테르와 포터(미국의 아동문학가)가 창조한 대표적인 낙천주의적 공상가이지요.

그런데 이런 현상이 지식기반경제나 서비스경제에서 비로소 출현한 것은 아니라는 사실에 주목해야 합니다. 금융서비스와 기업서비스를 포함하는 거의 대부분의 서비스는 국민소득을 생산하는 것이 아니라 그 재분배에 참여할 따름이거든요. 이것은 냉전기 소련과 미국의 체제경쟁에서도 아주 중요한 쟁점이었는데, 자세한 설명은 『마르크스의 '자본'』을 참조하세요.

실물경제를 서비스경제로 대체할 수 있다면, 공산주의적이 아닌 복지국가도 지속가능할 것입니다. 그러나 그것이 부당전제라는 데 문제가 있지요. 아리스토파네스의 희극 『에클레시아(ecclesia, 아크로폴리스 근처의 언덕에서 소집되는 시민회의)의 여성』에서 복지국가를 주장하는 여주인공 프락사고라에게 그녀의 남편 블레퓌로스가 '농사는 누가 짓나?'라고 반문하는데, 이것은 펠로폰네소스 전쟁에서 스파르테(스파르타)에게 패전한 직후 아테나이(아테네)에 만연한 '돼지의 행복'(Sauwohl, 헤겔)에 대한 촌철살인의 풍자이지요. 개그콘테스트에서도 '소는 누가 키우나?'라는 유행어가 나온 적이 있는데, 우연의 일치였는지는 잘 모르겠어요.

폴리는 신경제(new economy)의 특징이 '고용 없는 성장'(jobless growth)이라고 주장하기도 합니다. 고용은 그나마 국민소득만큼도 증가하지 못한다는 것이에요. 금융서비스뿐만 아니라 또한 기업서비스도 고용에는 거의 기여하지 않거든요. 물론 신경제에서 고용이 전혀 창출되지 않는 것은 아니에요. 금융·기업서비스 이외에도 다양한 사회·공공서비스가 증가하거든요. 자세한 설명은 역시 『마르크스의 '자본'』을 참조하세요.

구조적 위기와 함께 생산성임금에 대한 보장이 소멸하면서 미국노총은 급기야 생산적 산업노동자의 조직화에서 비생산적 서비스노동자의 조직화로의 전환을 시도했습니다. 그 결과 전통적인 자동차노조(UAW), 철강노조(USW), 광산노조(UMW), 통신노조(CWA) 대신 서비스노조, 교사노조, 공무원노조가 미국노총을 구성하는 새로운 핵심 노조로 부상했지요.

서비스노조(SEIU)의 기원은 건물서비스노조(BSEIU)인데, 여기서 건물서비스는 청소서비스와 경비서비스를 의미합니다. 현재 서비스노조는 건물서비스노조 이외에도 다양한 노조를 포괄하는데, 가장 중요한 것이 바로 보건의료노조이지요. 교사노조(AFT)는 서비스노조와 별도로 조직됩니다. 역시 서비스노조와 별도로 조직되는 공무원노조로는 연방공무원노조(AFGE)와 주·지방공무원노조(AFSCME) 두 개가 있고요.

무디가 강조하는 것처럼, 산업노동자와 서비스노동자의 차이는 생산적 노동자인가 아닌가라는 측면 이외에도 금융세계화의 영향을 받는가 아닌가라는 측면에 있습니다. 예를 들어 1973-75년 경제위기를 계기로 무노조·저임금의 남부로 이동한 자동차산업은 결국 무노조·저임금의 외국으로 이동했지요. 그래서 자동차노조가 양보협상으로 선회하고 결국에는 도요타주의까지 수용할 수밖에 없었던 것이에요. 사실 『미국 노조주의의 쇠퇴』는 부제이고 본래의 제목은 이런 사정을 은유하는 '*An Injury to All*'인데, 'an injury to one is an injury to all'은 '하나의 권리를 침해당하면 결국 모든 권리를 침해당한다'는 의미이지요.

반면 서비스부문은 금융세계화의 영향을 받지 않았다는 데 특징이 있습니다. 그래서 무디가 육봉(陸封, landlocked)되었다고 하는 것이에요. 육봉은 육지에 의해 해양으로부터 봉쇄되어 외국으로 이동할 수 없다는 의미이거든요. 서비스부문의 노조가 단체협상에서 일정한 전투성을 발휘할 수 있었던 것은 이런 특징 때문이지요.

이런 상황에서 1995년에 서비스노조 위원장 출신인 스위니가 총재로 선출되면서 미국노총이 사회운동노조로의 전환을 시도했던 것입니다. 그가 말하는 사회운동노조는 사실 일반노조(general union)라는 의미인데, 직능이나 산업을 불문하고 미조직노동자를 조직하는 동시에 다양한 노조를 흡수통합(M&A)하여 거대노조를 형성하거든요. 물론 그 중심은 육봉된 서비스부문과 관련된 노조이고요. 서비스노동자의 일반노조가 비즈니스노조의 청산과 아무런 관련도 없다는 것은 어쩌면 당연한 일이에요.

게다가 2005년에 미국노총이 분열하면서 스위니의 사회운동노조는 결국 실패하고 맙니다. 그의 후임으로 서비스노조 위원장이 된 스턴이 승리를위한변화(CTW)라는 제2노총을 결성했거든요. 제2노총의 조직기반은 물론 보건의료노조 중심의 서비스노조였는데, 다만 캘리포니아주·지방공무원노조도 제1노총 소속인 주·지방공무원노조에서 탈퇴하여 서비스노조에 가입했지요.

스위니에 대한 스턴의 비판은 민주당에 대한 지원을 줄이고 대신 일반노조에 대한 지원을 늘리자는 데 핵심이 있었습니다. 1936년 산업별조직회의와 민주당의 선거연합 이후 미국노총은 전통적으로 민주당을 비판적으로 지지하면서 정치자금을 제공하고 선거철에는 노동자를 투표에 동원해왔거든요.

무디는 제2노총에 대해 비판적입니다. 제2노총이 민주당에 대한 비판적 지지를 완전히 철회하지는 않았다는 이유 때문만은 아니고, 제1노총의 '경영학적 문맹'을 비난하면서 비즈니스노조를 현대화하려고 시도했기 때문이지요. 무디는 제2노총을 'corporate union'이라고 부르는데, 여기서 'corporate'는 'enterprise'(개인기업)를 현대화한 'corporation'(법인기업)의 형용사이지요. 하기야 '경제학적 문맹'은 몰라도 '경영학적 문맹'이라는 말은 저도 금시초문이에요.

'corporate union'도 번역하기가 쉽지 않습니다. 비즈니스노조의 활동가와 달리 'corporate union'의 활동가는 경영학적 지식으로 무장한 전문경영인이라는 의미인데, 'enterprise'와 달리 'corporation'은 전문경영인에 의해 관리되는 현대화된 기업이거든요. 역시 번역하지 않고서 그냥 현대화된 비즈니스노조라고 하는 편이 좋겠어요.

2009년에 오바마 정부가 출범한 이후 제2노총의 처지는 진퇴양난이라고 할 수밖에 없습니다. 단일 노총과의 거래를 선호하는 민주당이 제1노총과의 재통합 협상을 종용하기 때문이지요. 게다가 재통합 협상이 진행되는 와중에 섬유의류노조-호텔레스토랑노조(UNITE-HERE)의 다수파와 건설노동자노조(LIUNA)가 제1노총으로 복귀하고요.

스위니가 제창한 사회운동노조가 유럽의 노동자운동에서 상당한 반향을 불러일으켰다는 사실에도 주목할 필요가 있습니다. 2001년 이후 이탈리아제1노총(CGIL)과 공산주의재건당(PRC)이 대안세계화운동(alter-globalization movement) 속에서 1969-83년 평의회노조(council union)의 경험을 부활시키려고 시도하는 데 미국노총의 전환이 크게 작용했거든요. 물론 미국과 달리 이탈리아에서 사회운동노조는 마르크스주의에 충실한 것인데, '번역은 반역이다'라는 말이 실감나는 대목이에요. 2005년의 유럽연합헌법조약 비준반대운동 이후 이탈리아의 시도도 결국 실패하기는 마찬가지였지만요. 자세한 설명은 『금융위기와 사회운동노조』를 참조하세요.

마지막으로 미국노총에 대한 무디의 비판에도 문제가 있다는 사실을 지적해두겠습니다. 그는 비즈니스노조의 관료주의를 비판하면서 현장주의를 그 대안으로 제시하는데, 여기서 관료주의는 노총(총연맹)이나 산업별연맹으로의 집권주의를 의미하고 현장주의는 지역지부나 기업지부로의 분권주의를 의미하지요. 물론 그가 일체의 집권주의를 부정하는 것은 아닌데, 전위정당을 지향하는 독자정당의 결성을 주장하기 때문이에요. 남한에서도 사회운동노조의 본질을 현장성과 당파성의 결합으로 이해하는 경우가 있는데, 무디의 영향 때문인 것 같아요. 무디의 입장에 대한 자세한 비판은 『금융위기와 사회운동노조』를 참조하세요.

전위정당을 지향하는 독자정당과 친화성을 갖는 사례로 1996년에 창당된 노동당(LP)에 대해서도 언급해두겠습니다. 석유화학원자력노조(OCAW) 부위원장 출신인 마조키의 주도로 결성된 노동당은 제1노총 소속인 광산노조와 연방공무원노조의 지지를 확보했지요. 그러나 민주당후보를 대체하는 독자후보의 출마를 둘러싸고 논란을 거듭하다가 2002년에 마조키가 사망하면서 지리멸렬해지고 말았어요. 2002년에는 무디도 『노동 비망록』을 중심으로 한 노조활동에서 은퇴했는데, 현재는 영국의 하트퍼드셔대학에서 선임연구원으로 재직하고 있지요.

질의와 응답*)

2010-12년 정세분석 개관

— 먼저 2010-12년 정세분석의 전체적 논지를 개관해주시면 좋겠습니다.

— 2010-12년 정세분석은 2007-09년 금융위기 이후 미국경제에서 더블딥(double dip, 이중침체)을 예방하기 위한 정책에는 어떤 것이 있는지 또 더블딥이 발생하지 않는다고 하더라도 과연 경기가 회복되고 있는 중인지에 대해 초점을 맞추고 있습니다. 2007-09년 금융위기가 해결되면서 경기도 회복되었다는 항간의 소문은 사실 근거 없는 낭설일 따름이거든요.

금융위기와 경기침체 사이에는 보통 1분기 정도의 시차가 존재합니다. 이번 금융위기는 2007년 8월에 발생하고 경기침체는 12월에 발생하므로, 4개월의 시차가 있지요. 또 금융위기가 완화된 것은 2009년 3월이고 경기회복이 시작된 것은 6월이므로, 3개월의 시차가 있고요. 따라서 1분기 정도의 시차를 무시한다면, 금융위

*) 2013년 1월에 과천연구실에서 진행된 토론을 정리하면서 3월까지의 정세도 반영함.

기와 경기침체는 시기적으로 일치한다고 할 수 있겠지요.

이번 금융위기와 경기침체를 해결하기 위해 미국의 중앙은행인 연방준비제도(Fed, 연준)와 재무부는 다양한 정책을 실행합니다. 연준의 정책을 대표하는 것이 제로금리정책(ZIRP)과 수량완화정책(QE)이고, 재무부의 정책을 대표하는 것이 부실자산구제계획(TARP)과 미국재건재투자법(ARRA)이지요. 금융위기에 따른 경기침체를 완화하려는 적자재정정책으로서 미국재건재투자법을 제외한 나머지 정책은 모두 금융위기를 해결하기 위한 것이에요.

이런 다양한 정책 덕분에 2009년에 금융위기가 완화되고 경기회복이 시작된 것입니다. 그러면서 금융위기만 완화되면 곧 경기회복도 시작될 것이라고 예상하면서 '그럭저럭 버텨온'(muddling through) 연준과 재무부의 입장에 대한 지지가 확산된 것이지요. 2010년에 들어와 금융위기가 해결되면서 경기도 회복되었다는 낭설이 유포된 것은 이런 맥락에서 이해할 수 있어요.

그러나 2010년 가을부터 경기회복세가 둔화되기 시작합니다. 여름부터 유럽연합의 재정위기로 인해 금융시장의 불안정성이 제고되고 급기야 미국으로 전염되거든요. 2007-09년 금융위기와 경기침체에 대한 논쟁에서 가장 중요한 쟁점 중 하나가 금융위기가 재발하면서 경기침체도 재발하는 더블딥인데, 그런 쟁점이 2011년에 또다시 부상하는 것이에요.

그래서 재무부가 2차 적자재정정책을 실행하고, 그것을 지원하기 위해 연준이 2차 수량완화정책, 나아가 오퍼레이션트위스트를 실행한 것입니다. 주택시장을 부양하기 위한 1차 수량완화정책이 국책모기지회사의 주택담보부증권(MBS)을 구매하는 것인 반면 2차 수량완화정책과 오퍼레이션트위스트는 장기국채를 구매하는 것이지요. 따라서 연준이 적자재정정책을 지원한다고 할 수 있는데, 이것을 '국채의 화폐화(monetizing)'라고 불러요.

그런데 설사 이런 정책이 2011년에 더블딥이 발생하는 것을 예방했다고 하더라도 2012년에도 경기회복세가 별로 개선되지 않는다는 데 문제가 있습니다. 이런 사정을 가장 분명하게 보여주는 경제통계가 바로 실업률이에요. 2009년의 10%에서 2011년의 8% 수준으로 하락한 실업률이 2012년에도 내내 8% 수준을 유지하거든요. 그래서 더블딥이 발생하지 않은 상황에서 왜 실업률이 더 이상 하락하지 않는가, 달리 말해서 왜 경기회복세가 더 이상 개선되지 않는가라는 새로운 쟁점이 제기되는 것이지요.

2012년에 3차 수량완화정책을 실행하면서 버냉키는 경제성장과 경기회복을 저해하는 세 가지 역풍(headwind)이 존재한다고 강조하는데, 유럽연합의 재정위기와 은행위기라는 역풍을 논외로 할 때 미국 내부의 두 가지 역풍에 주목할 필요가 있습니다. 유럽연합의 재정위기와 은행위기를 논외로 하자는 것은 연준이나 재무부의 소관사항이 아니기도 한 데다가 어차피 해결이 거의 불가능한 문제이기도 하기 때문이지요.

첫 번째 역풍은 적자재정정책을 추가적으로 실행하는 것이 곤란하다는 것입니다. 두 가지 사실에 주목해야 하는데, 2011년 8월에 역사상 최초로 미국의 국채인 재무부증권의 신용등급, 좀 더 간단하게 말해서 미국의 국가신용등급이 강등되지요. 또 그 직후인 9월에 오바마 대통령이 미국일자리법안(AJA), 즉 3차 적자재정정책을 제안하는데, 그러나 의회를 통과하지는 못하고요.

나아가 미국에서도 재정위기가 발생할 수 있다는 사실에 주목해야 합니다. 이번 금융위기를 해결하기 위해 연준과 재무부가 실행한 일련의 정책은 본질적으로 민간의 부채를 정부의 부채로 이전하는 것일 따름이거든요. 금융위기가 완화되었다고 하더라도 경기회복이 지지부진한 상황에서는 조만간 재정위기가 발생할 수 있지요. 그럴 경우 연준과 재무부가 금융위기를 재정위기로 변형시킨 셈이라고 할 수밖에 없어요.

두 번째 역풍은 주택시장의 부진입니다. 3차 적자재정정책이 사문화된 상황에서 연준이 결국 3차 수량완화정책을 실행하는데, 버냉키가 마지막 구원투수로 등판한 셈이에요. 3차 수량완화정책은

1차 수량완화정책처럼 국책모기지회사의 주택담보부증권을 구매하지요. 게다가 이번에는 주택시장, 나아가 노동시장이 회복될 때까지 '무기한'(open-ended) 실행되는 수량완화정책이에요.

노동시장이나 주택시장과 달리 주식시장은 이미 회복되어 2007년의 역사적 고점에 접근하고 있습니다. 유럽연합에서 재정위기와 은행위기가 발생한 상황에서는 미국의 국채인 재무부증권이 거의 유일한 '안전자산'(safe haven)이므로 재무부증권의 가격이 상승할 수밖에 없고, 더불어 주가도 상승할 수밖에 없거든요. 달리 말해서 주식시장이 회복된 것은 위기가 해결되었기 때문이 아니라 현재진행형이기 때문이라는 것이에요.

2012년부터 연준은 경기가 완전히 회복되어 완전고용이 달성되는 시점에 대한 예상을 발표합니다. 그런데 그 시점이 2020년대라는 사실에 주목할 필요가 있지요. 또 이런 예상은 더블딥이 발생하지 않는다고 가정한다는 사실에도 주목할 필요가 있고요. 연준의 예상은 이번 금융위기와 경기침체가 1930년대 대불황처럼 13년 정도 지속된다는 의미인데, 더블딥이 발생하지 않아도 이미 2차 대불황이 시작되었다고 고백하는 셈이에요.

이런 맥락에서 3차 수량완화정책이 '플랜 A'(최선책)로 동원할 수 있는 '최종병기'라는 사실에 주목할 필요가 있습니다. 이미 설명한 연준의 제로금리정책·수량완화정책·오퍼레이션트위스트와 재무부의 부실자산구제계획·적자재정정책에 의해서도 주택시장과 노동시장이 회복되지 않을 경우에는 '플랜 B'(차선책)가 동원될 수밖에 없다는 것이에요.

플랜 B와 관련해서는 2011년부터 오바마 정부가 '태평양으로의 선회'(pivot toward/to the Pacific)를 선언하면서 범태평양파트너십(TPP), 결국 아시아태평양자유무역협정(FTAAP)을 본격적으로 추진하고 있다는 사실에 주목할 필요가 있습니다. 이런 정책 전환이 중국과의 갈등을 초래할 수 있고, 또 북한의 핵무장이 그런 갈등의 폭발을 촉발할 수 있기 때문이지요.

방금 미국에서도 재정위기가 발생할 수 있다고 했는데, 그럴 경우 달러위기도 발생할 것입니다. 달러위기와 재정위기는 사실 동전의 양면이거든요. 달러위기와 재정위기의 발생은 금융세계화와 군사세계화의 종료를 의미하는데, 아시아태평양자유무역협정의 추진과 태평양으로의 선회는 이것에 대응하는 비상계획(contingency plan)이라고 할 수도 있지요.

요컨대 2007-09년 금융위기와 경기침체가 해결되기는커녕 이미 2차 대불황이 전개되는 상황에서 미국의 정책이 플랜 A에서 플랜 B로 이동하는 중이라는 것입니다. 1930년대의 1차 대불황과 2010년대의 2차 대불황은 마르크스주의적으로 말해서 자본주의의 붕괴를 의미하지요. 금융위기와 경기침체가 해결되기는커녕 오히려 대불황과 붕괴로 심화되고 있다는 것이 2010-12년 정세분석의 핵심이라는 것이 제 생각이에요.

— 더블딥이 예방되었다면, 이번 경기침체는 결국 W자형이 아니라 L자형이라는 말씀인가요?

— 미국에서는 2011년에 실행된 연준과 재무부의 정책 덕분에 더블딥이 예방되었다고 할 수 있습니다. 반면 유럽연합에서는 재정위기와 은행위기의 여파로 더블딥이 발생했지요. 2012년의 경제성장률이 마이너스이고, 2013년의 경제성장률에 대한 예측도 마이너스이거든요. 2분기 이상 마이너스 경제성장률이 지속되는 것이 경기침체이므로, 2012년부터 더블딥이 발생한 셈이지요. 따라서 유럽연합의 경기침체는 W자형이라고 할 수 있고, 미국의 경기침체는 W자형과 L자형의 중간 형태라고 할 수 있어요.

그런데 한 가지 설명을 보충할 필요가 있습니다. 이미 제시한 2010-12년 정세분석에서 사용한 미국의 경제성장률은 잠정치인데, 보통 확정치와의 오차가 크지는 않아요. 그러나 2009년과 2010년에는 예외적으로 오차가 크다는 문제가 있습니다. 2009년 3/4분기부터 2010년 3/4분기까지의 잠정치는 1.7%, 3.8%, 3.9%, 3.8%, 2.5%

인데, 확정치는 1.4%, 4.0%, 2.3%, 2.2%, 2.6%로 수정되거든요. 잠정치로 보면 2009년 4/4분기부터 2010년 2/4분기까지 강화되던 경기회복세가 2010년 3/4분기부터 약화된 반면 확정치로 보면 2009년 4/4분기만 제외하고 내내 약세이지요.

따라서 미국의 경기침체는 L자형에 가깝다고 할 수도 있습니다. 이것은 분기별이 아니라 연평균 경제성장률로 보면 더욱 뚜렷하지요. 연평균 경제성장률은 잠정치로 2009년의 −3.5%에서 2010년의 3.0%로 반전하는 반면 확정치로는 −3.1%에서 2.4%로 반전하거든요. 또 2011년과 2012년에도 1.8%(확정치)와 2.2%(잠정치)를 유지할 따름이고요.

요컨대 2007-09년에 이미 2차 대불황이 시작되었다고 할 수 있다는 것입니다. 돌이켜 보면, 더블딥이 발생하지 않는 한 2차 대불황도 발생하지 않으리라는 판단은 오류였다고 할 수밖에 없지요. 물론 역사학자가 정리할 일인데, 2008년이 1929년의 재판이었을 가능성이 아주 높다는 것이에요. 제한된 정보에 의존할 수밖에 없는 정세분석, 나아가 그런 정세분석에 따른 정책대응에는 이렇게 한계가 있기 마련이지요.

1930년대 대불황

— 1930년대 대불황이 2차 세계전쟁으로 귀결되는 과정을 개관해주세요.

— 1929년 주식시장의 붕괴로 시작되어 1930년, 1931년, 1932년 세 차례의 은행위기로 귀결된 금융위기는 1933년에 로즈벨트 정부가 실행한 뉴딜로 해결됩니다. 금본위제도를 포기하고 관리통화제도를 채택한 것을 논외로 한다면, 1932년에 후버 정부가 설립한 재건금융공사(RFC)를 강화하는 동시에 케인즈주의적인 '금리생활자의 안락사'를 상징하는 글래스-스티걸은행법을 제정함으로써 은

행위기를 해결한 것이 뉴딜의 핵심이에요. 재건금융공사를 통해 파산위기에 처한 은행의 자본을 확충하는 동시에 글래스-스티걸은행법을 통해 은행과 증권회사의 겸업화를 해체하면서 은행의 예금에 대한 보험을 실시하거든요.

물론 뉴딜에는 금융위기에 따른 경기침체를 완화하기 위한 전국산업부흥법(NIRA)도 있습니다. 이 법에 의해 전국부흥청(NRA)과 공공사업청(PWA)이 설립되는데, 후자와 달리 전자에 대해서는 논란이 아주 많았지요. 경기회복에 별로 도움이 되지도 않는 데다가 자유기업의 원리에도 위배된다는 것이에요. 전국부흥청은 결국 1935년에 대법원에서 위헌 판결을 받아 해체되고 말아요. 반면 공공사업청은 1943년까지 존속되고요.

또 전국산업부흥법의 7조 (a)항에서 유래한 1935년의 전국노동관계법(와그너법)과 그것을 보완하는 1938년의 공정노동표준법(근로기준법)은 공산주의적 지향의 산업별노조(industrial union)를 비즈니스노조(business union)로 전향시키는 데 기여합니다. 또 노동자지주제(employee ownership)를 통한 이윤공유제(profit sharing), 아니면 기업별노조(company union)를 선호하던 법인기업이 산업별노조를 수용하게 만들고요.

그런데 은행위기를 해결한다고 해서 경기가 완전히 회복되어 완전고용이 달성되는 것은 아니라는 데 문제가 있습니다. 게다가 재무부와 연준의 정책적 오류로 인해 더블딥까지 발생하고요. 미국경제가 1936년에 1929년의 국민소득을 회복하자 재무부와 연준은 1937년에 출구전략(exit strategy)을 실행하지요. 그래서 1938년에 더블딥이 발생한 것이에요. 너무 빠른 출구전략, 즉 경기가 완전히 회복되어 완전고용이 달성되기 이전에 실행되는 출구전략이 더블딥을 초래한다는 주장의 역사적 근거가 바로 이것이지요.

1939년에 독일이 2차 세계전쟁을 시작하자 1940년부터 로즈벨트 정부는 재무장정책을 실행하고, 1941년에 일본이 진주만을 공습하자 드디어 참전을 결정합니다. 재무장정책에서 가장 중요한 역할을 한 것은 그 직전에 두 차례나 해체될 뻔한 재건금융공사인데, 자회사인 방위설비공사(DPC)가 정부가 소유하고 민간이 관리하는 법인기업(GOPO), 달리 말해서 정부가 설립하여 민간에게 임대하는 리스기업을 설립하거든요. 물론 정부가 소유하고 관리하는 법인기업(GOGO), 달리 말해서 본래적 의미의 국유기업도 있는데, 그러나 규모는 미미하지요.

이것이 케인즈주의적인 '투자의 사회화'를 상징하는 적자재정정책인데, 본래의 케인즈주의와 구별하여 '군사적 케인즈주의'라고 부르기도 합니다. 어쨌든 2차 세계전쟁에서 방위설비공사와 리스기업이 수행한 역할은 지대한 것이에요. 쉬운 예를 들자면 1차 세계전쟁에 참여한 미군은 영국제나 프랑스제 무기를 사용하는데, 2차 세계전쟁의 연합군에게 제공된 무기는 거의 모두 미제이거든요.

나아가 1950-60년대에 자본주의의 황금기가 도래하는 데도 방위설비공사와 리스기업이 중요한 역할을 수행합니다. 1940-45년간 제조업의 고정자본형성에서 민간투자는 당시의 가치로 114억달러인 반면 정부투자는 177억달러인데, 그 중 리스기업의 투자가 160억달러이고 국유기업의 투자가 17억달러이지요. 그런데 전후에 방위설비공사가 관리에 참여한 민간에게 리스기업을 거의 무상으로 불하하거든요.

— 아무래도 2차 대불황이 1차 대불황만큼 심각하다고 할 수는 없지 않을까요?

— 경기침체에 대한 공식적 기준은 2분기 이상 경제성장률이 마이너스일 경우인 반면 대불황에 대한 공식적 기준은 없고 다만 비공식적으로 경제성장률이 −10% 이상일 경우라고 하지요. 1932년의 경제성장률은 −13.1%인 반면 2009년의 경제성장률은 확정치로 −3.1%이므로, 보통 전자는 대불황(Great Depression)이라고 부르는 반면 후자는 대침체(Great Recession)라고 불러요.

경제성장률의 측면에서 1930년대와 비교할 때 2010년대 경기침체의 진폭은 1/4 정도입니다. 그런데 1930년대에 경기침체의 진폭이 그렇게 컸던 데는 몇 가지 역사적 이유가 있어요. 뒤메닐이 강조하는 것처럼, 당시 민부(국부)의 절반을 차지하던 개인기업과 농민이 대량으로 파산했던 것이 가장 중요한 이유이지요. 물론 관리통화제도와 적자재정정책이 미비했던 것도 중요한 이유이고요.

반면 실업률의 측면에서 비교해보면, 이번에도 경기침체의 진폭은 상당히 크다고 할 수 있으므로, 2차 대불황이라고 부르는 경우도 종종 있습니다. 1933년의 실업률은 25%이고, 2009년의 공식실업률은 10%, 비공식실업률은 17%이지요. 공식실업률로 보면 진폭이 2/5에 해당하고, 비공식실업률로 보면 진폭이 2/3에 해당하는 셈이에요. 폴리가 강조하는 것처럼, 경제성장률보다 실업률의 진폭이 훨씬 큰 것은 이른바 '신경제'(new economy)로 인한 '고용 없는 성장'(jobless growth) 때문이라고 해석할 수 있지요.

— 대동아공영권을 '일본판 먼로독트린'이라고 부르신 것은 무엇 때문인가요?

— 전간기 독일에서 하우스호퍼가 체계화한 지정학(geopolitics)의 핵심 개념이 바로 '공영권'(Lebensraum, 생활권)입니다. 나치는 침략전쟁을 정당화하면서 유럽을 '대공영권'(Großlebensraum), 즉 '대유럽공영권'이라고 부르지요. 또 일본도 독일을 모방하여 '대동아공영권'으로 침략전쟁을 정당화하고요. 그런데 대유럽공영권이나 대동아공영권은 사실 미국의 먼로주의로 소급하는 것이에요.

아리기는 1차 세계전쟁과 2차 세계전쟁에서 독일이 설정한 정치적 목적에는 차이가 있다고 주장합니다. 1차 세계전쟁에서 독일은 영국과 프랑스가 이미 분할 점령한 아프리카 식민지의 재분할을 요구하지요. 그러나 2차 세계전쟁에서 독일은 북미대륙을 정복한 미국처럼 유럽대륙의 정복을 시도한다는 것이에요. 그는 양자를 '해외제국'(overseas empire)과 '국내제국'(domestic/overland empire)의 건설로 구별하지요.

이런 관점에서 1차 세계전쟁과 달리 2차 세계전쟁은 레닌의 제국주의론으로 설명할 수 없다는 아리기의 입장은 탁견이라고 할 수밖에 없습니다. 1차 세계전쟁이 러시아혁명으로 귀결되는 반면 2차 세계전쟁의 정점은 독소전쟁인데, 이 경우 식민지의 재분할은 문제가 아니에요. 히틀러가 독소전쟁을 감행한 것은 유럽의 정복에 대한 유일한 장애가 소련이기 때문이지요. 프랑스는 독일군의 진주를 거의 저항 없이 수용하는데, 레지스탕스는 전후에 형성된 신화일 따름이에요.

어쨌든 아리기의 관점에서 보면, 대유럽공영권이나 대동아공영권도 국내제국의 건설을 정당화하는 먼로주의라고 해석할 수밖에 없습니다. 독일의 나치즘이나 일본의 군국주의에 대한 비판이 생각처럼 쉽지 않은 일이라는 것이에요. 하기야 미국의 먼로주의에 대한 비판은 별로 없는데, 거의 유일한 예외인 라틴아메리카의 먼로주의 비판은 자가당착일 수 있거든요.

민족국가의 건설이라는 조금 다른 맥락에서 보면, 미국도 사실 영국을 모방했을 따름이라고 할 수 있습니다. 영국은 잉글랜드를 한자로 음역(音譯)한 것인데, 잉글랜드가 웨일즈·스코틀랜드·아일랜드를 정복하면서 우리가 아는 영국이라는 민족국가가 건설된 것이지요. 물론 영국은 브리튼섬을 정복하고, 미국은 북미대륙을 정복하지만요. 그러나 별반 차이가 없다고 할 수도 있는데, 미국인은 북미대륙, 나아가 미주대륙을 섬으로 간주하거든요. 하기야 오스트레일리아처럼 대륙도 섬일 수는 있지요.

따라서 일본이 홋카이도와 류큐를 정복하고 내친김에 조선까지 정복한 것과 잉글랜드가 웨일즈와 스코틀랜드를 정복하고 내친김에 아일랜드까지 정복한 것 사이에도 별반 차이가 없다고 할 수 있습니다. 사실 일본이 그렇게 할 수 있었던 것은 영국과 미국이 지지했기 때문이기도 하고요. 영국과 미국의 입장에서 보면, 일본이 민족국가를 건설한 과정은 자신들이 민족국가를 건설한 과정을 모방한 셈이므로 반대할 이유가 별로 없거든요.

플랜 A

— 플랜 A로 경기를 회복시키는 데 실패했다면, 그 이유는 무엇인가요?

— 플랜 A는 전반적으로 금융위기를 완화하는 것입니다. 물론 부분적으로는 경기침체를 완화하는 것이기도 하지만요. 그래서 연준과 재무부가 그럭저럭 버티면서 경제성장의 재개를 기다린다고 한 것이지요. 버냉키가 아무리 당대 최고의 부르주아 경제학자라고 할지라도 경제성장의 재개를 통해 경기를 완전히 회복시킬 수 있는 경제정책을 발명해낼 수는 없거든요.

이것은 사실 1960-70년대 경제학 논쟁의 가장 중요한 쟁점이기도 합니다. 케인즈주의자에 대한 마르크스주의자의 비판의 핵심은 경제정책을 통해 경제위기를 완화시킬 수는 있어도 소멸시킬 수는 없다는 것이지요. 경제위기, 특히 구조적 위기의 궁극적 원인은 실물경제, 특히 산업의 쇠퇴에 있거든요.

실제로 1970년대에 구조적 위기, 아리기처럼 말해서 그 첫 단계로서 '징후적 위기'(signal crisis)가 발생하면서 마르크스주의가 부활합니다. 그러나 1990년대에 구조적 위기에 대한 반작용으로 금융세계화가 전개되고 '벨 에포크'(belle époque)가 도래하면서 마르크스주의가 소멸하고 만 것이에요. 2010년대에는 구조적 위기의 세 번째 단계인 '최종적 위기'(terminal crisis)가 발생하는 셈인데, 그러나 그렇다고 해서 마르크스주의가 또다시 부활할 수 있을지는 여전히 불확실하다고 할 수밖에 없지요.

구조적 위기, 특히 최종적 위기를 해결하는 유일한 방법은 실물경제의 발전, 특히 새로운 산업혁명에 있습니다. 1930년대 영국경제가 주도하던 세계시장의 최종적 위기를 해결한 것은 1920년대 미국경제에서 전개된 산업혁명인데, 그것을 토대로 전후에 세계시장이 재건된 것이지요. 1970년대에 시작된 구조적 위기는 그런 산업혁명의 한계로 인한 실물경제의 쇠퇴를 의미하는 것이고요.

참고로, 미국의 경제학자 고든도 문제는 실물경제의 쇠퇴라고 주장하고 있습니다. 그는 특히 신경제를 특징짓는 컴퓨터혁명이 산업혁명을 대체할 수는 없다고 비판하는데, 노동생산성을 상승시키는 데 한계가 있기 때문이에요. '어느 곳에든 컴퓨터가 있는데, 그러나 다만 생산성통계에는 없다'(솔로우)는 것이지요. 신경제에 대한 뒤메닐의 과대평가를 정정하기 위해 폴리와 고든의 분석을 결합할 수 있다는 것이 제 생각이에요.

— 실물경제를 구조라고 부를 수 있나요?

— 그렇습니다. 실물경제를 분석하기 위해 마르크스는 생산력과 생산관계라는 개념을 제시하지요. 인간은 의식주를 해결하기 위해 자연을 가공하는데, 인간과 자연 사이의 자연적 관계로서 그런 신진대사(metabolism)가 생산력이에요. 또 생산력은 진공 속에서 발전하는 것이 아니라 인간과 인간 사이의 사회적 관계로서 생산관계 속에서 발전하는 것이고요.

따라서 생산력과 생산관계, 나아가 양자를 결합하는 생산양식은 모두 구조입니다. 구조라는 개념은 관계를 의미하는데, 생산력은 자연적 관계이고, 생산관계는 사회적 관계이거든요. 또 생산력과 생산관계가 생산양식으로 결합된다는 것은 양자 사이에 적합한(entsprechen, 일치/조응하는) 관계가 존재한다는 의미이고요.

나아가 마르크스는 고전파처럼 생산양식에 고유한 리듬이 존재한다고 주장하는데, 이것이 바로 역사동역학(historical dynamics)입니다. 역사적으로 특수한 생산양식으로서 자본주의의 역사동역학은 자본생산성과 이윤율의 하락이라는 원인으로 인해 고정자본과 국민소득의 성장의 한계, 즉 정상상태(定常狀態, stationary state)가 불가피하다는 의미이지요.

물론 역사의 전개에는 구조뿐만 아니라 사건도 작용합니다. 그러나 구조를 사상한 채 역사를 사건으로 환원할 수는 없지요. 철학적으로 말해서 우연 속에서 필연이 관철되기 마련이에요. 따라서 구조를 망각하고 사건에만 주목하는 정세분석이 타당할 수는 없습니다. 역사적으로 특수한 모든 정세 속에서 구조와 사건, 필연과 우연이 동시에 작용하거든요.

— 완전고용 수준의 이자율이 −0.25% 내지 0%라는 것을 제로 금리정책의 역치에서 어떻게 도출할 수 있나요?

— 『현대경제학 비판』에서 설명한 테일러의 규칙과 오쿤의 법칙을 이용하면 됩니다. 테일러의 규칙은 중앙은행이 국민소득갭 $(Y_f-Y)/Y_f$와 인플레이션갭 $p-p_f$를 동시에 고려하면서 실질이자율 $i-p$ 또는 화폐이자율 i를 결정한다는 의미이지요.

$$i-p=(i_f-p_f)-\frac{1}{2}\frac{Y_f-Y}{Y_f}+\frac{1}{2}(p-p_f),$$
$$i=i_f-\frac{1}{2}\frac{Y_f-Y}{Y_f}+\frac{3}{2}(p-p_f).$$

여기서 Y와 p는 국민소득과 인플레이션율이고, Y_f와 p_f는 완전고용 수준의 국민소득과 인플레이션율이며, i_f-p_f와 i_f는 완전고용 수준의 실질이자율과 화폐이자율이에요. 또 오쿤의 법칙은 국민소득갭 $(Y_f-Y)/Y_f$가 실업률갭 $u-u_f$에 비례하고, 비례상수는 2라는 의미이고요.

$$\frac{Y_f-Y}{Y_f}=2(u-u_f).$$

여기서 u는 실업률이고, u_f는 완전고용 수준의 실업률이에요.

이제 오쿤의 법칙을 테일러의 규칙에 대입하면,

$$i=i_f-(u-u_f)+\frac{3}{2}(p-p_f),$$
$$i_f=i+(u-u_f)-\frac{3}{2}(p-p_f).$$

제로금리정책의 역치는 $u=6.5$, $p=2.5$이고, $u_f=6$, $p_f=2$이므로,

$$i_f=i+0.5-0.75=i-0.25.$$

제로금리정책은 화폐이자율 i가 $0\sim0.25(\%)$라는 의미이므로,

$$i_f=-0.25\sim0.$$

완전고용 수준의 화폐이자율 i_f가 $-0.25\sim0(\%)$이라는 것은 마이너스 금리를 통해서라도 완전고용을 달성하겠다는 연준의 의지를 표현하는 것입니다. 그런데 이상한 일은 돈을 빌려주면서 웃돈까지 얹어주는 셈이거든요. 지불준비금(지준)의 금리가 0.25(%)라는 것도 마찬가지이고요. 지준은 현금과 함께 본원통화, 즉 화폐를 구성하는 것이므로, 지준금리는 화폐에 이자를 지불하는 셈이거든요. 누군가 『오즈의 마법사』(*The Wonderful Wizard of Oz*) 재판을 쓰고 있을지도 모르겠어요.

— 재정절벽 문제는 어떻게 처리된 것인가요?

— 부분적으로는 해결되었고 부분적으로는 연기되었습니다. 먼저 감세정책은 민주당과 공화당이 협상에 성공했지요. 민주당은 연간소득 25만달러 이상인 98%의 가계에 대해 감세정책을 유지하겠다고 주장했는데, 결국 연간소득 40만달러 이상인 99%의 가계에 대해 감세정책을 유지하는 것으로 타협하지요. 공화당에게 1% 포인트를 양보한 셈이에요.

반면 지출정책에 대한 협상은 2월까지 유예된 상태입니다. 따라서 그때까지 협상에 성공하지 못하면, 지출의 자동삭감(automatic sequestration), 좀 더 간단하게 말해서 시퀘스터가 발동되면서 재정절벽 문제가 부분적으로나마 다시 부상되는 것이지요. 게다가 5월까지 유예된 국채상한에 대한 협상도 난항이 예상되고요.

— 버핏룰은 어떻게 되었나요?

— 유야무야되었습니다. 부시 감세의 30분의 1밖에 안 되거든요. 버핏룰은 인민주의적 미봉책일 따름이에요. 연간소득 25만달러 이상의 가계는 2%이고 40만달러 이상의 가계는 1%인데, 100만달러 이상의 가계가 얼마나 되겠어요. 개별가계의 연간소득이 아무리 많더라도 그 수가 얼마 안 된다면, 증세의 효과는 미미할 수밖에 없다는 것은 당연한 일이에요.

그런데 미국인이 생각하는 부자증세는 버핏룰 정도이고 남한의 진보주의자들이 주장하는 부유세(wealth tax), 특히 재산세는 논외입니다. 현대적 의미의 조세를 대표하는 것은 소득세이지 재산세가 아니거든요. 미국인이 신봉하는 자수성가 이데올로기는 재산이 개인의 노동과 저축의 결과라는 것이에요. 상속세가 부유세일 수 있는 것도 자수성가 이데올로기 때문이지요.

소득세를 증가시키는 것이 곤란한 상황에서 오바마 정부는 부가세의 도입을 고민하고 있습니다. 다만 소득세가 누진세인 반면 부가세는 역진세라는 데 문제가 있지요. 부가세는 사실 유럽 각국이 복지국가의 재원을 확보하기 위해 도입한 것인데, 이것이야말로 '장님 제 닭 잡아먹기'인 셈이지요. 게다가 부유세의 비중은 유럽보다 오히려 미국이 더 높고요.

부르주아 민주주의의 진정한 토대는 2차 세계전쟁기에 미국이 도입한 소득세와 개병제(皆兵制, 징병제)입니다. 물론 개병제는 나폴레옹전쟁기로 소급되지만, 당시 프랑스에는 소득세가 없었거든요. 대표로 선출되거나 대표를 선출할 수 있는 조건이 바로 세금을 내고 그리고/또는 군대를 가는 것이에요. 소득세와 개병제는 병농(兵農) 일치라는 상앙의 원칙에 따라 진시황제가 도입한 조용조(租庸調)와 전혀 다른 것입니다. 이 때문에 대표 없는 조세, 즉 의무로서 조세인 'tribute'(貢納)와 구별하여 대표의 조건으로서 조세, 즉 권리로서 조세를 'tax'라고 부르는 것이지요.

— 유럽연합의 재정위기가 해결불가능한 이유는 무엇인가요?

— 한 마디로 말해서 재정동맹(FU) 없는 화폐동맹(MU) 때문입니다. 재정동맹에 대한 대안으로 안정및성장에관한협정(SGP)이 있지만, 2000년대에 사문화되지요. 재정위기로 인해 피그스(PIGS)라는 별명이 전세계에 알려진 남부유럽은 물론이고 프랑스나 독일도 준수하지 않거든요.

그런데 사실 화폐동맹과 재정동맹 사이의 관계에 대한 이론적 연구는 물론이고 역사적 연구도 별로 없다는 것이 문제입니다. 이번에 관리통화제에서 통화위기와 재정위기라는 문제가 최초로 제기되면서 화폐동맹과 재정동맹의 관계에 대한 초보적 연구가 진행되고 있는 실정이지요.

그나마 그런 연구라도 참고한다면, 화폐동맹과 재정동맹의 결합은 유럽연합이 재판 대유럽공영권으로 변화한다는 의미라고 해석할 수 있습니다. 그래서 뒤메닐이 유럽통합은 공동시장의 단계에서 그쳐야 했다고 주장하는 것이에요. 물론 유럽통합이 공동시장에 머물렀다면, 통일 이후 독일도 일본처럼 장기불황에 빠졌을 것입니다. 따라서 독일이 공동시장에서 한 걸음 더 나아갈 것을 요구한 것이고, 그 결과가 바로 재정동맹 없는 화폐동맹이라는 타협이었던 것이지요.

— 버그스텐도 최근에는 유럽연합에 대해 낙관적이던데요?

— 버냉키가 강조하는 것처럼, 유럽연합의 재정위기는 미국의 경제성장과 경기회복을 저해하는 한 가지 역풍입니다. 유럽연합이 붕괴한다면, 미국도 막대한 타격을 받을 수밖에 없거든요. 따라서 버그스텐은 두 가지 이야기를 동시에 하는 셈입니다. 유럽연합이 재정위기를 극복할 수 있는 방법에 대해 이야기하기도 하고, 동시에 그런 방법이 실패하여 유럽연합이 붕괴할 경우에 대비하여 미국이 플랜 B를 준비해야 한다고 이야기하기도 하고요.

재정위기를 해법을 둘러싸고 독일과 프랑스 사이에서 갈등이 제기될 때, 프랑스를 지지하는 것이 미국의 기본 입장이라고 합니다. 독일식으로 처리하면 급기야 유럽연합이 해체될 수도 있거든요. 그래서 미국이 프랑스를 통해 그 동안 유럽연합의 혜택을 일방적으로 누려온 독일이 남부유럽을 위해 얼마간 희생할 필요가 있다고 주장하는 것이지요. 바로 이것이 버그스텐이 말하는 재정위기의 해법이에요.

플랜 B

— 버냉키가 미국도 워싱턴 컨센서스에 충실해야 한다고 주장하는 것은 무엇 때문인가요?

— 그럭저럭 버티면서 기다려오던 경제성장의 재개가 불확실한 상황에서는 미국도 수출에 관심을 가질 수밖에 없습니다. 물론 진정한 의미의 상품이 아니라 금융서비스나 기업서비스를 수출한다는 의미이지만요. 이런 맥락에서 아시아태평양자유무역협정이 2기 오바마 정부가 추진하는 플랜 B의 핵심인데, 그렇게 하기 위해서는 미국이 먼저 워싱턴 컨센서스를 위배해서는 곤란하다는 것이 버냉키의 주장이지요.

버냉키나 버그스텐이나 내심으로는 1930년대처럼 노동하고 저축하여 자본축적과 경제성장을 재개함으로써 2차 대불황을 극복한다는 것은 불가능한 일이라고 생각하는 것 같습니다. 그래서 자유무역협정을 통해 동아시아에서 생산된 잉여가치를 분배받는 것이 플랜 B의 핵심이 될 수밖에 없다는 것이지요.

이 대목에서 부시 정부와 오바마 정부의 차이에 주목할 필요가 있습니다. 부시 정부는 서아시아를 중시하면서 자유무역협정을 추진하기도 했지요. 그러나 버그스텐이 비판하는 것처럼, 이것은 '경제학적 문맹'의 발로일 따름인데, 서아시아에는 석유밖에 없거든요.

반면 오바마 정부는 클린턴 정부처럼 동아시아를 중시하지요. 그러다 보니까 북한의 핵무장을 비롯해서 중국과의 갈등이 부각될 수밖에 없는 것이고요.

2010년대도 1930년대처럼 자본주의가 붕괴하는 과정일 것입니다. 물론 미국과 중국 사이에서 3차 세계전쟁이 발발한다는 것은 거의 불가능한 일이지만요. 둘 다 핵전쟁을 감행할 정도로 무모하지는 않거든요. 그러나 국지전의 가능성은 아주 크다고 할 수 있어요. 오바마 정부가 선언한 태평양으로의 선회는 주력군을 육·공군에서 해·공군으로 전환하면서 동아시아에서의 갈등을 관리하려는 시도입니다. 그런데 북한의 핵무장으로 인해 이런 구상이 좌초할 가능성도 무시할 수는 없어요.

사실 1931년의 만주사변에서 1937년의 중일전쟁을 거쳐 1941년의 태평양전쟁으로 가는 데도 우여곡절이 많았습니다. 중일전쟁을 전후한 시기까지 일본에 대한 미국의 입장은 요즘 북한에 대한 입장처럼 '은근한 무시'(benign neglect, 무책이 상책) 또는 '전략적 인내'(strategic patience, 도발에 따른 협상의 거부)라고 할 수 있지요. 그러다가 1938년에 더블딥이 발생하고 1939년에 유럽에서 2차 세계전쟁이 발발하면서 태평양전쟁이 전개되는 것이에요.

— 플랜 B가 세계화의 수정을 의미하는 것인가요?

— 그렇습니다. 세계화를 지역화로 대체한다기보다는 오히려 세계화에서 지역화로 선회한다고 할 수 있지요. 세계무역기구(WTO)의 도하라운드 협상이 지지부진한 상황에서 일련의 자유무역협정 협상을 추진하거든요. 하기야 세계화의 전성기인 1990년대에도 지역화가 무시된 적은 없는데, 당시 세계무역기구의 출범을 위한 우루과이라운드 협상과 함께 아시아태평양자유무역협정이나 범대서양자유무역협정 협상을 추진한 것은 클린턴 정부이지요.

달러위기와 재정위기가 예상되는 현재의 상황에서 금융세계화보다는 금융지역화, 군사세계화보다는 군사지역화가 강조되는 것은 당연한 일입니다. 미국이 아무런 대안도 없이 금융세계화와 군사세계화가 해체되는 것을 방치할 리는 없으니까요. 아시아태평양자유무역협정과 태평양으로의 선회가 바로 금융세계화와 군사세계화의 종언에 대한 대안이라고 할 수 있지요.

오바마 대통령은 2013년 2월의 「연두교서」(State of the Union message)에서 범대서양자유무역협정(TAFTA)을 부활시키기 위해 범대서양무역투자파트너십(TTIP)을 추진한다고 선언합니다. 2015년의 타결을 목표로 2013년부터 협상을 시작하겠다는 것이에요. 범대서양무역투자파트너십의 비중은 전세계 국민소득의 50%를 차지하고 무역의 30%를 차지하지요. 2013년에 타결될 예정인 범태평양파트너십에 일본과 남한까지 참여하면 그 비중은 국민소득의 40%, 무역의 30%이고요.

따라서 두 파트너십의 비중은 국민소득의 90%, 무역의 60%입니다. 조만간 중국도 참여하여 범태평양파트너십이 아시아태평양자유무역협정으로 발전할 경우에는 범대서양무역투자파트너십/범대서양자유무역협정과 함께 국민소득과 무역의 비중은 거의 100%가 되겠지요. 이렇게 볼 때 자유무역협정이 세계무역기구의 도하라운드에 대한 대안이라고 할 수 있어요.

— 클린턴 정부가 추진하던 아시아태평양자유무역협정과 오바마 정부가 추진하는 아시아태평양자유무역협정이 동일한가요?

— 형식적으로 보면 동일하다고 할 수도 있는데, 그러나 내용적으로는 차이가 있습니다. 클린턴 정부가 세계무역기구를 북미자유무역협정과 아시아태평양자유무역협정으로 보충하려고 시도했다면, 오바마 정부는 도하라운드가 유명무실해진 상황에서 범태평양파트너십과 아시아태평양자유무역협정을 추진하고 있거든요.

굳이 말하자면 클린턴 정부의 '세계무역기구를 보완하는 자유무역협정'과 달리 오바마 정부는 '세계무역기구를 우회하는 자유무역협정'을 추진한다고 할 수 있습니다. 또 클린턴 정부에서는 북미자유무역협정이 표준인 반면 오바마 정부에서는 한-미자유무역협정이 표준이고요. 하기야 한-미자유무역협정은 한-유럽연합자유무역협정의 표준이기도 하지요.

여기서 한-미자유무역협정과 한-유럽연합자유무역협정을 추진한 것이 바로 언감생심 '동북아균형자'를 자임하던 노무현 정부라는 사실을 상기해두겠습니다. 2003년에 집권한 노무현 정부는 이른바 '동시다발적 자유무역협정을 위한 로드맵'을 제시하지요. 그러면서 2006년에 한-미자유무역협정 협상을 개시하고 2007년에 협상을 타결하자마자 한-유럽연합자유무역협정 협상도 개시합니다. 그러나 연말 대선에서 재집권에 실패하면서 2008년의 광우병 소동을 기화로 한-미자유무역협정 '재협상'을 요구하는데, 이명박 정부가 '추가협상'을 타결한 것은 2010년에 한-유럽연합자유무역협정 협상을 타결한 직후이지요.

— 플랜 B가 중국을 배제한다는 의미는 아니지요?

— 물론입니다. 1997-98년 동아시아 경제위기 이후에 출현한 동아시아 지역분업을 고려하면 중국이 참여하지 않는 아시아태평양자유무역협정은 거의 불가능하거든요. 다만 남한처럼 중국도 글로벌/아메리칸 스탠더드를 수용해야 한다는 중요한 조건이 있지만요. 아시아태평양자유무역협정은 사실 한-미자유무역협정의 확대판이라고 할 수 있어요.

이 때문에 미국과 중국 사이에 군사적 갈등은 아니더라도 경제적 갈등이 제고될 수밖에 없습니다. 미국은 중국이 구상하는 한-중-일자유무역협정에 반대하면서 일본과 남한이 범태평양파트너십에 참여하도록 종용하거든요. 한-중-일자유무역협정은 미국을 배제하고 기왕의 지역분업을 강화하려는 시도이지요. 반면 범태평양파트너십은 금융서비스와 기업서비스의 수출이라는 미국의 이익을 보장하면서 아시아태평양자유무역협정을 지향하는 시도이고요.

금융세계화가 전개되기 이전에 일본과 남한은 미국의 역개방정책(reverse open-door policy) 덕택에 경제적 이익을 일방적으로 추구할 수 있었습니다. 물론 미국은 일본과 남한에서 안보적 이익을 보장받았고요. 그런데 금융세계화가 전개되면서 미국이 역개방정책을 취소하고 경제적 이익도 요구하기 시작한 것이지요. 실물경제가 쇠퇴하자 금융서비스와 기업서비스를 수출하겠다는 것인데, 역시 한-미자유무역협정이 그 효시라고 할 수 있어요.

2000년대에 중국이 경제대국으로 부상한 것은 동아시아 지역분업을 활용하여 미국에 수출할 수 있었기 때문입니다. 달리 말해서 일본과 남한처럼 역개방정책을 활용하여 미국에 수출한 것은 아니었다는 것이지요. 따라서 미국이 요구하는 경제적 이익에 대해 중국이 일본이나 한국처럼 순응할 리는 없겠지요. 범태평양파트너십과 한-중-일자유무역협정이야말로 미국과 중국의 경제적 갈등을 상징하는 핵심 쟁점이에요.

버그스텐은 중국을 러시아처럼 잠재적 적성국이라고까지 규정하면서 미국이 더 이상 경제적 이익을 안보적 이익에 종속시켜서는 안 된다고 주장합니다. 미국과 중국의 경제적 갈등이 군사적 갈등으로 비화될 수도 있고, 그럴 경우 북한의 핵무장이 도화선이 될 수도 있다는 예상이 가능한 대목이지요.

— 진보주의자들은 북한에서 노동당이 복권되면서 개혁·개방의 가능성이 제고되고 있다고 주장하던데요?

— 김정일 위원장은 2010년에 김정은 씨로의 권력세습을 공식화하는 동시에 노동당과 내각도 복권시킵니다. 그렇다고 해서 선군정치를 포기하는 것은 물론 아닌데, 2009년에 김정은 씨의 주도로 2차 핵·미사일실험을 강행하거든요. 선군정치로 인해 너무 강력해진 군부를 노동당과 내각을 통해 견제하려는 의도였다고 해석하는 것이 좋겠지요.

그런데 노동당과 내각이 약화된 원인이 바로 권력세습입니다. 달리 말해서 권력세습으로 인해 노동당과 내각이 약화되면서 군부가 강화된 결과가 선군정치라는 것이에요. 또 김일성 주석에 대한 개인숭배를 주도하면서 권력세습을 준비한 사람이 바로 김정일 위원장 자신이고요. 따라서 결자해지하려면 이번에는 권력세습을 포기해야만 했지요. 군부를 견제하기 위해 노동당과 내각을 복권시키는 것은 김정은 씨로의 권력세습을 보장하기 위한 미봉책일 따름이에요. 이번에 김정은 씨가 3차 핵·미사일실험을 강행한 것이 바로 선군정치가 건재하다는 증거이지요.

— 아랍의 봄에 대해 좀 더 설명해주세요.

— 2010년 12월에 튀니지아에서 부아지지라는 26세의 과일노점상이 경찰의 단속에 항의하여 분신자살한 것이 아랍의 봄을 촉발시킨 사건입니다. 이것이 페이스북이나 트위터 같은 이른바 '소셜미디어'를 통해 각국으로 전파되면서 아랍의 봄이 전개된 것이지요. 그러나 부아지지는 튀니지아의 전태일은 아닌데, 그는 대학졸업자였거든요. 아랍의 봄의 계기는 청년실업이라는 사실에 주목해야 한다는 것이에요.

2007년의 『변화하는 세계 속의 아랍경제』에서 아랍의 봄을 예상한 바 있는 놀랜드의 분석을 참고하면서 청년실업이 양산된 원인을 설명해보겠습니다. 먼저 아랍경제에서 고출산·고사망이 저출산·저사망으로 변화하는 인구변천(demographic transition)이 발생하고 있다는 사실에 주목해야 하지요. 달리 말해서 고출산·저사망으로 인해 일시적으로 인구가 급증하고 있다는 것이에요.

이렇게 인구가 급증하면서 청년실업이 발생하는데, 실업율이 무려 25%라고 합니다. 또 청년실업자는 대부분 대졸자라고 하고요. 1980년대까지 '최종고용자'로서 국가가 대졸자의 취업을 보장했는데, 그 후에는 그런 기능을 포기했거든요. 그렇다고 해서 공공부문을 대체할 수 있는 민간부문이 존재한 것도 아니고요.

아랍민족주의는 본래 국가자본주의를 지향합니다. 1961년에 티토의 제안으로 결성된 비동맹운동의 가장 중요한 지도자는 네루와 나세르인데, 티토가 시장사회주의를 지향한 반면 네루와 나세르는 국가자본주의를 지향하지요. 그러나 국가자본주의는 점차 관료자본주의로 타락하고 말아요. 1990년대 이후 국가가 최종고용자로서 기능할 수 없게 된 것은 결국 타락한 국가자본주의로서 관료자본주의 때문이라고 할 수 있어요.

그런데 놀랜드도 주목하는 것처럼, 아랍의 봄을 주도하는 세력이 범이슬람주의를 표방하는 무슬림형제단이라는 사실에 주목할 필요가 있습니다. 나세르나 그 후계자의 아랍민족주의는 정교분리의 세속정권인 반면 무슬림형제단의 범이슬람주의는 정교일치의 신정(神政)을 지향한다는 것이 가장 중요한 차이이지요.

이 때문에 시온주의가 유다주의로 대체된 이스라엘과의 갈등은 거의 해결이 불가능할 것입니다. 범이슬람주의와 유다주의의 갈등은 '문명/문화의 충돌'이 아니라 '종교의 충돌'이거든요. 발리바르는 아베로에스와 스피노자의 전통을 따라 종교적 진리와 철학적/과학적 진리, 달리 말해서 신앙(faith)과 이성(reason)이 교통할 수 있다고 주장하는데, 그러나 저로서는 회의적이에요. 발리바르 자신도 인정하는 것처럼, 종교와 과학, 신앙과 이성을 문화(culture)의 두 변종으로 간주할 수는 없거든요.

사회운동노조

— 스위니가 제창한 사회운동노조의 한계는 무엇인가요?

— 미국노총(AFL-CIO)의 총재인 스위니가 제창한 사회운동노조는 본질적으로 산업별노조나 직능별노조에 대한 대안적 조직형식으로서 일반노조라는 데 한계가 있습니다. 직능별노조를 대체한 산업별노조가 쇠퇴하면서 조직률이 하락하니까 직능이나 산업을 불문하고 일반노조라는 조직형식을 통해 조직률을 제고하려는 시도일 따름이거든요.

'서비스 모델'과 '조직화 모델'을 둘러싼 논쟁에도 불구하고 스위니의 사회운동노조는 비즈니스노조를 계승합니다. 비즈니스노조는 사실 조직이 아니라 이념의 문제이거든요. 물론 스위니의 경쟁자 스턴은 더 한심한데, 그는 사회운동노조가 비즈니스노조를 현대화하는 데 실패했다고 비판하면서 활동가에게도 경영학적 지식이 필요하다고 강변하지요.

반면 이탈리아제1노총(CGIL)과 공산주의재건당(PRC)은 미국노총의 사회운동노조를 평의회노조의 부활의 계기로 인식한다는 사실에 주목할 수 있습니다. 비즈니스노조가 아니라 평의회노조로서 사회운동노조는 조직보다는 이념을 강조하지요. 마르크스가 노동자연합(협동조합/평의회)과 함께 노동자운동의 원칙적 조직형식으로 설정한 노조처럼 말이에요. 어쨌든 이런 경우를 두고 '창조적 오역'이라고 할 수 있겠지요.

— 미국노총이 제기한 노동표준은 어떻게 평가할 수 있나요?

— 미국노총이 북미자유무역협정에 대해 환경표준과 함께 노동표준의 추가를 요구한 것은 아주 중요한 기여라고 할 수 있습니다. 자유무역협정에 대해 단순히 반대하는 것이 아니라 정확한 쟁점을 제기하면서 비판한 셈이거든요. 마르크스는 자유무역을 비판하면서 저임금이 부등가교환으로 귀결된다고 강조하는데, 이런 입장에서 보면 노동표준으로 저임금과 부등가교환을 개선할 수 있다고 주장할 수 있지요.

민주노총이나 미국노총이나 둘 다 비즈니스노조인 것은 마찬가지이지만, 민주노총은 자유무역협정에 대해 반대할 따름이고 미국노총은 자유무역협정에 대한 비판을 제시한다는 차이가 있습니다. 하기야 세계화에 대한 반대와 비판을 혼동하는 남한의 상황에서 자유무역협정에 대한 반대와 비판도 혼동하는 것이 민주노총에 국한된 일은 아니지만요. 반세계화가 아니라 대안세계화가 필요한 것처럼 반자유무역이 아니라 대안자유무역이 필요한 것이에요.

— 신경제에서 서비스부문의 고용은 증가하지 않나요?

— 신경제의 서비스부문을 대표하는 것은 금융서비스와 기업서비스입니다. 그런데 금융서비스가 국민소득에서 차지하는 비중은 아주 크게 상승한 반면 고용에서 차지하는 비중은 거의 불변이에요. 또 기업서비스는 조금 낫지만, 국민소득비중만큼 고용비중이 상승하는 것은 아니고요. 따라서 신경제는 고용 없는 성장으로 특징지어진다는 것이 폴리의 주장이지요.

물론 신경제에서 또 다른 서비스가 출현하기도 합니다. 신경제와 직접적으로 관련되는 건물의 청소·경비서비스가 그런 것이고, 신경제와 간접적으로 관련되는 다양한 사회·공공서비스가 그런 것이지요. 미국노총의 사회운동노조는 신경제의 부산물로 출현한 이런 서비스노동자를 일반노조로 조직하려는 시도이지요. 쉽게 말해서 사회공공노조와 비정규직노조 같은 서비스노조를 노동자운동의 조직적 중심으로 설정한다는 것이에요.

이 대목에서 1997-98년 경제위기 이후 민주노총이 미국의 노동자운동을 모방해왔다는 사실을 알 수 있습니다. 김대중 정부가 지식기반경제니 신경제니 하니까 민주노총도 사회공공노조니 비정규직노조니 하면서 부화뇌동한 셈이지요. 하기야 1970-80년대 민주노조의 사회운동노조적 전통을 부정하면서 노동자운동의 탈이념화를 지향한 것이 민주노총의 태생적 한계라고 할 수 있지만요.

— 서비스노조도 전투적일 수 있지 않나요?

— 무디가 강조하는 것처럼, 'landlocked'되어 있다는 사실 때문에 서비스노조가 전투적일 수 있는 것입니다. 생산적 노동을 고용하는 산업과 달리 비생산적 노동을 고용하는 서비스부문은 해외로 이동할 수 없지요. 공장처럼 병원·학교·관공서나 건물을 해외로 이전할 수는 없거든요. 'landlocked'는 육지로 둘러싸인 호수의 물고기처럼 바다로 나아가지 못한다는 뜻입니다. 그래서 육봉(陸封)이라고 번역하는 것이에요.

그러나 서비스노조가 아무리 전투적일 수 있다고 하더라도 본질적 한계를 가질 수밖에 없습니다. 노조가 노동자운동의 원칙적 조직형식인 것은 공산주의의 주체가 산업노동자이기 때문이지요. 서비스노동자가 주체인 공산주의는 존재할 수 없어요. 조금 다른 맥락이겠지만, 프루동이 주장한 바 있는 수공업자나 농민이 주체인 공산주의가 존재할 수 없듯이 말이에요. 위고의 『레 미제라블』(*Les Misérables*, 불행한 사람들)을 멜로드라마화한 뮤지컬영화에 온통 감정을 이입하는 것은 그만큼 프루동식 정의론이 만연하고 있다는 방증이지요.

어쨌든 남한 노동자운동이 알게 모르게 미국 노동자운동의 영향을 많이 받았다고 할 수밖에 없습니다. 게다가 이탈리아 노동자운동과 달리 나름대로의 전통 위에서 비판적으로 재해석한 것이 아니라, 어떻게 보면 약점들만 무비판적으로 수용한 셈이지요. 비즈니스노조만 해도 주관적으로 반대한다고 하면서도 객관적으로는 결국 수용한 셈이고요. 한국노총처럼 민주노총의 활동가도 무슨 화이트칼라 직장인 같다는 생각이 들어요.

알튀세르처럼 말해서 비즈니스노조는 본질적으로 이데올로기적 국가장치입니다. 게다가 점차 경제적 국가장치로 기능하기도 하고요. 비즈니스노조가 아닌 평의회노조로서 사회운동노조에서 이념이 문제인 것은 당연한 일이겠지요. 노동자운동의 원칙적 조직형식으로서 노조는 조직이기 이전에 운동이고, 운동으로서 노조를 추동하는 것이 바로 이념이거든요.

교정표

『2007-09년 금융위기』

12쪽 그림 29-32 → 29-33; 69-70 → 70; 74-75 → 73-75

13쪽 5줄 2004년 → 2005년

6줄 1969-70년 → 1970년; 2008-09년 → 2007-09년

8줄 1974-75년 → 1973-75년

10줄 2006년 중반 → 2006년 말

20줄 무역적자가 발생하면서(…)메커니즘인데, → 무역적자와 재정적자를 의미하는데,

22줄 수출달러환류 → 자본수입, 즉 수출달러환류

27줄 2007-08년 → 2007-08년[좀 더 정확하게 말해서 2007-09년]

15쪽 14줄 연방준비제도이사회(연준, FRB) → 연방준비제도(Fed, 연준)

15줄 2002년부터 → 삭제

19줄 설명할 것처럼 → 설명할 것처럼,

16쪽 3줄 2002년 이후 → 2000년대

6줄 반면, → 반면
7줄 판매하는 → 다른 금융기관에게 판매하는
19쪽 13줄 어떤 사기꾼 → 사기꾼
26줄 좀 더 정확하게 말해서 1500 → 상하이증시의 주가이익비율도 14 정도라고 가정하면 1700
21쪽 13줄 전개되면서 → 본격적으로 전개되면서
16줄 8월 → 5월
17줄 달러가치가 → 달러가치는
18줄 도달하기 때문인데, → 도달하는데,
23쪽 5줄 인민은행 → 중국인민은행(PBOC)
25쪽 15줄 1974년에(…)최고치를 달성하지요. → 전후 하락세를 유지하던 곡가는 1974년에 급등하여 최고치를 달성하다가 그 후에는 하락세를 유지해요. 그러나 2000년대에 상승세로 반전하여 2008년에는 1974년 수준에 거의 접근하지요.
27쪽 5줄 소속인 → 소속된
30쪽 4줄 어쨌든 → 삭제
32쪽 2줄 계획은 최근에 → 계획도 2007년에
3줄 저먼 → 리즈의 파트너인 저먼
39쪽 13·14줄 무역적자 → 이중적자
40쪽 2줄 연방준비제도이사회(연준) → 연방준비제도(Fed, 연준)
12줄 8월 → 5월
42쪽 13줄 제공할 수도 있고, 경우에 따라서는 → 제공할 수도 있겠지만, 대부분의 경우에는
14줄 제공할 수도 있지요. → 제공한다고 해요.
44쪽 27줄 은행 → 은행의 양도성예금증서(CD)나 환매조건부채권(RP)
45쪽 8줄 2002년 → 2000년대
46쪽 2줄 2002년부터 → 2000년대에

7줄 구조화투자전문회사(SIV)를 → 기업어음콘딧을; 주택담보부증권과 → 삭제

48쪽 7줄 1995년 → 1997년

16줄 급기야 → 조만간

50쪽 2줄 1960-70년대 → 금융세계화의 맹아가 출현하는 1970년대

17줄 2002년 → 2000년대

21줄 9월 → 2008년 9월

24줄 1929-32년 → 1929-33년

27줄 지난달에 폭발한 → 삭제

52쪽 25줄 사회공공성 강화 → 이른바 '사회공공성 강화'

55쪽 10줄 2007년 → 2007년 말

56쪽 9줄 연준의장 → 연준이사회 의장

57쪽 17줄 맨큐 → 맹큐

61쪽 6줄 8월 → 5월

20줄 최초의(…)1980년 → 1979년에 전후 최초의 달러위기가 발생한 직후인 1980년 초

21줄 2200달러 → 2400달러

62쪽 19줄 연준의장 → 연준이사회 의장

25줄 집행위원회 → 유럽위원회

63쪽 7줄 하지요. → 하거든요.

10줄 공공성 → '공공성'

65쪽 24줄 1929년 초 → 1929년 여름; 연말 → 가을

66쪽 4줄 제안에 따라 → 제안처럼

15줄 결국 → 결국 1939년에; 1939-40년 → 1940년

19줄 본격적 → 본격적인

68쪽 그림 29-32 → 29-33; 69-70 → 70; 74-75 → 73-75

69쪽 20줄 9-10년 → 7-11년

23·25·29줄 4-5년 → 3-5년

26줄 9-10년으로 → 10년 정도로
70쪽 3줄 9-10년으로 → 10년 정도로
4줄 1991년 → 1990-91년
12줄 9-10년 → 10년 정도
16줄 4-5년으로 → 5년 정도로
18줄 2010년 → 2009년
71쪽 26줄 1950년대부터 1960년대까지는 → 전후에는
72쪽 17줄 1929년 초 → 1929년 여름
78쪽 19줄 「금융위기와 사회운동노조」→「현정세와 사회운동노조」
103쪽 8줄 9-10월 → 9월
11줄 연방준비제도이사회(FRB, 연준) → 연방준비제도(Fed, 연준)
15줄 회복될 → 본격적으로 회복될
104쪽 1줄 나아가 → 게다가
105쪽 4줄 8월 이후(…)반등한다. → 8월에 2700까지 하락한 주가는 10월부터 반등하여 11월 중순에 3300으로 상승한다.
7줄 3-7월 → 4월
8줄 8월부터 → 삭제
28줄 2005년 → 2005년 7월; 인민은행 → 중국인민은행(PBOC)
106쪽 1줄 작년 6월 → 2008년 7월
2줄 20-40% → 25-40%
5줄 3월과 7월 → 3월
6줄 8월 이후 → 삭제
7줄 2월과 6월 → 2월
11줄 9월에(…)유지하다가 → 삭제
19줄 1980년대 이후 최고치 → 전후 최고치인 1974년 수준
107쪽 9줄 없어요. → 없지요.

15줄 목적(goal) 또는 최종목표(objective) → 목적(goal/objective) 또는 최종목표(ultimate target)

16줄 도구(tool) → 수단(instrument) 또는 도구(tool)

17줄 직접적이 아니라는 → 직접적이지 않다는

18줄 수단목표(instrument target) 또는 → 삭제

108쪽 13줄 연준도 한때 → 통화주의가 득세하면서 연준도 1979-82년에는

14줄 통화 개념이 → 통화와 증권이 혼합된 결과 통화 개념이

110쪽 3줄 연준의장 → 연준이사회 의장

5줄 2001년부터 2006년까지 → 1999년의 제로금리정책에 이어 2001년에

23줄 2008년 10월부터 → 삭제

24줄 시행되면서 → 시행되기 직전부터

111쪽 7·9·15·17·19줄 소비자 → 가계

112쪽 1·24줄 소비자 → 가계

113쪽 3줄 상당 부분 → 대부분

9줄 금융안정계획 → 금융안정화계획

114쪽 2줄 소비자 → 가계

15줄 얼마 전 → 1년 전

115쪽 16줄 없겠지요. → 없겠지요. 게다가 버냉키와의 친분도 작용하겠고요.

117쪽 18줄 헐값으로 → 염가로

118쪽 15줄 대부라고 할 수 있거든요. → 대부인 셈인데, 1997-98년 동아시아 경제위기 당시 루빈은 재무부장관, 서머스는 재무부차관, 가이트너는 재무부차관보였거든요.

25줄 때문이에요. → 때문이에요. 파산관리는 소유자를 청산하고 관리자를 교체하는 반면 파산후견은 그렇게 안 한다는 것이 차이라고 할 수 있지요.

27줄 9-10월 → 9월

119쪽 1줄 예비사유화 → 재사유화의 예비단계, 달리 말해서 예비사유화

4줄 2008년 9월 이후 1800억 달러 → 2008년 9월과 10월, 2009년 3월 세 차례에 걸쳐 1825억달러

12줄 증권회사에서 은행으로 전환한 골드먼삭스 → 골드먼삭스와 아메리카은행

120쪽 21줄 주택소유자구매력안정화계획 → 주택소유자구매력안정계획

121쪽 6줄 불황 → 대불황

22줄 9-10월 → 9월

122쪽 25줄 9개 → 8개

124쪽 1줄 헐값으로 → 염가로

125쪽 14줄 경기회복 → 본격적인 경기회복

16줄 회복되다가 → 회복하다가

21줄 아니라고 하면 아닌 → 그렇다고 하면 그런

126쪽 23줄 국제경제연구소 → 국가경제연구원(NBER)과 국제경제연구소

127쪽 4줄 2009년 초에는 → 2009년 초부터

6·16줄 1974-75년 → 1973-75년

7줄 아직 → 2009년 중반까지

8줄 18개월 이상 → 18개월 정도

15줄 1979-80년 → 1980년

24줄 4-5년 → 3-5년

26줄 9-10년으로 → 10년 정도로

128쪽 8줄 1932년 → 1931년

129쪽 21줄 해산을 → 정리를

24줄 해산(resolution)은 → 정리(resolution)는

25줄 파산후견·보호 → 파산관리·후견

26줄 해산기구 → 정리기구

130쪽 1줄 채무불이행이나 지불불능 → 채무불이행·지불불능 (insolvency)
8줄 해산기구 → 정리기구
19줄 작년 → 작년 9-10월
131쪽 16줄 베트남전쟁에서 사용된 → 베트남전쟁 패배 이후에 출현한
22줄 연준의장 → 연준이사회 의장
23줄 1979-80년에 → 1980년의
29줄 1937년에 경기가 일시적으로 회복되자 → 1936년에 국민소득이 1929년의 수준을 회복하자
132쪽 1줄 연준이 → 1937년에 재무부와 연준이
16줄 전세계 → 주요국
133쪽 19줄 9월 말 → 11월 중순; 2.14조 → 2.21조; 약간 → 삭제
20줄 0.77조 → 0.78조; 0.82조 → 0.85조
21줄 2.09조 → 2.16조; 약간 → 삭제; 0.87조 → 0.88조
22줄 0.85조 → 1.11조
23줄 약간 → 삭제
28줄 그럴 경우 → 그럴 경우 재정위기가 심화되면서
29줄 재정위기가 심화되면서 → 재정위기로 인해 증시붕괴와
134쪽 5줄 40% 정도 → 1980년대 초의 40%, 2000년대 초의 60%
6줄 130%까지 → 120% 이상으로
9줄 재무부증권의 가격이 → 재무부증권의 이자율이 폭등하면서 그 가격이
17줄 1929-32년 → 1929-33년
22줄 마찬가지로(…)예상해보겠습니다. → 재정위기로 인해 달러위기가 발생할 수도 있습니다.
28줄 폭등하겠지요. → 폭등하겠지요. 재정위기와 달러위기에 대해서는 조금 이따가 이중적자와 관련하여 다시 설명하겠어요.

135쪽 1줄 7월 → 4월
3줄 5월 → 6월
4줄 주택소유자구매력안정화계획 → 주택소유자구매력안정계획
11줄 2002년 이전의 수준 → 2002년 수준
14줄 2007년 → 2007년 상반기
16줄 6월에(…)아니거든요. → 5월에 9.4%로 상승한 실업률이 6-7월에는 9.5%로 상승하거든요.
19줄 10.2% → 10.1%

136쪽 18줄 이전지출 → 재정지출
20줄 8월 → 5월

137쪽 4줄 때문이지요. → 때문이에요.

138쪽 22줄 대신(…)있습니다. → 대신 재정위기로 인해 국채의 이자율이 폭등하고 가격이 폭락할 수는 있습니다.

140쪽 3줄 3-7월 → 4월
6줄 입장을 지지합니다. → 입장에 찬성합니다.
17줄 입장도 지지하지요. → 입장에도 찬성하지요.

142쪽 1줄 2005년 직후에 → 직후인 2005년 말부터

145쪽 6줄 2/3 → 3/4

146쪽 17줄 시작된 것이지요. → 시작되는데, 그것은 루빈의 재무부장관직을 승계한 서머스가 주도한 것이지요.

149쪽 6줄 유로가 달러보다 → 유로 표시 자산이 달러 표시 자산보다
22줄 중국의 외환보유액 2.1조달러 → 2006년에 1조달러를 돌파한 중국의 외환보유액 2.1조달러

150쪽 11줄 전상회담 → 정상회의
14줄 기후온난화 → 지구온난화

151쪽 4줄 그러나 버그스텐도 → 물론 버그스텐 자신도

152쪽 23줄 설명해보겠습니다. → 설명해보겠어요.

156쪽 그림 29-32 → 29-33; 69-70 → 70; 74-75 → 73-75
18줄 1974-75년 → 1973-75년
157쪽 1·2·5줄 1969-70년 → 1970년
2·5줄 1974-75년 → 1973-75년
11줄 두고 볼 일이지요. → 두고 볼 일이지요. [2011년에 출판된 『신자유주의의 위기』에서 제시되는 시기구분은 1900-50년대는 상승 추세, 1960년대는 과도기, 1970년 년대는 하락 추세, 1980년대 이후는 상승 추세라는 것이다. 1900년대와 1980년대가 상승 추세의 출발점이므로, 『위기와 탈위기』의 시기구분과 본질적으로 동일하다고 할 수 있다. 그런데 새 책의 제목은 이번 금융위기가 '자본주의의 위기'가 아니라 '신자유주의의 위기'일 따름이라는 의미이다.]
163쪽 16줄 그러나 → 그런데
26줄 발리바르도 → 발리바르의 경우도
164쪽 8줄 과학역사가 → 과학사학자
26줄 금성의 운동 → 금성
166쪽 28줄 도출하는 → 발견하는
167쪽 6줄 몇 가지 → 삭제
7줄 운동 → 가속도
8줄 1권에서 → 삭제
168쪽 1줄 행성운동 → 행성의 운동
169쪽 1줄 셈이에요. → 셈이에요. [뒤메닐의 자본축적론이 신고전파적 경제성장론과 본질적으로 동일하다는 비판에 대한 자세한 설명은 『현대경제학 비판』(공감, 2011)과 『역사학 비판』(공감, 2012)을 참조하시오.]
25줄 1929-32년 → 1929-33년
170쪽 19줄 12월 21일 → 12월 21일 동짓날
171쪽 26줄 서문 → 서문격인 「독자에게 보내는 편지」

27줄 '봉사자'라는 의미이겠지요. → 로크는 '학문공화국'(commonwealth of learning)을 건설하는 대목 밑에서 일하는 잡역부라고 부연하지요.

174쪽 2줄 마르크스 자신의 과학적 방법은 오히려 → 마르크스 자신이 과학적 방법이라고 부른 바 있는 '분석을 전제하는 변증법'은 본질적으로

11·12줄 국가론 → 국가공동체론

175쪽 4줄 루소로 → 디드로를 거쳐 루소로

177쪽 2줄 엘리트이라고 → 엘리트라고

178쪽 17줄 여기서는 → 여기서; 필요가 → 필요는

180쪽 29줄 여기서도 → 케인즈주의자는

181쪽 20줄 나아가 → 또; 억압적 → 억압적·경제적

182쪽 16줄 4%라고 했는데, 그럴 경우 → 4%라고 했는데, 그 역수인 자본 대비 자산의 비율 25를 보통 레버리지 비율이라고 부릅니다. 어쨌든 그럴 경우

183쪽 14줄 국민연금이거든요. → 국민연금이거든요. 그렇게 하려고 노무현 정부가 2005년에 국민연금의 주식투자를 허용한 것이지요.

15줄 공무원연금이나 교직원연금 → 사학연금이나 공무원연금

184쪽 2줄 화폐통합 → 화폐동맹

8줄 평가절상이 → 평가절하가

185쪽 19줄 그러나(…)제 생각입니다. → 그러나 아리기의 그런 시도에는 문제가 많다는 것이 제 생각이에요.

186쪽 위의 그림 성장기, 불황기 → 삭제

밑의 그림 → 삭제

187쪽 처음 두 문단과 그림 → 삭제

188쪽 8줄 제 생각이에요. → 제 생각이에요. 스미스적 동역학은 본질적으로 맬서스적 동역학과 동일하거든요. [더 자세한 설명은 『사회과학 비판』(공감, 2011)을 참조하시오.]

16줄 있거든요. → 있어요. 그래서 미국-동아시아의 관계를 영국-인도의 관계와 혼동하는 것이지요.

18줄 같습니다. → 같아요.

25줄 사이트 → 웹사이트

189쪽 5줄 앵글로-색슨 → 그 중에서 특히 앵글로-색슨

6줄 주목할 수 → 게재된 논문들에 주목할 수

26줄 「현정세와 사회운동노조」 → 「현정세와 사회운동노조」의 서론

190쪽 10줄 소득불평등 → 소득불평등 때문에 발생하는 유효수요의 부족

192쪽 24줄 이중적자 → 삼중적자

27·28줄 1969-70년 → 1970년

193쪽 13줄 1969-70년 → 1970년

14줄 상당히 → 삭제

15줄 2006년 중반 → 2006년

194쪽 27줄 스페인어판 서문 → 스페인어판에 붙인 서문

196쪽 21줄 최초로 → 가장 체계적으로

197쪽 11줄 주도하고 있는 → 주도하던

198쪽 8줄 자본주의의 황금기가 아니라(…)없지요. → 자본주의의 황금기라고 할 수 없겠지요.

10줄 그러나 → 삭제

11줄 낭비하는 것이 → 낭비하는 군비가

21줄 따라서(…)아닙니다. → 삭제

23줄 따름이거든요. → 따름입니다.

27줄 없다는 것이지요. → 없다는 것이지요. 요컨대 영구군비경제는 진정한 의미에서 반작용요인이 아니라는 것이에요.

200쪽 16줄 작년과 올해에 들어와 → 2008년 말부터

23줄 올해 → 2009년

201쪽 13줄 두고 볼 일이에요. → 두고 볼 일이에요. [2008년부터 전개된 분파투쟁은 2010년 2월에 리즈와 저먼의 출당으로 종결된다. 통일전선 내부에서 전위정당을 건설한다는 2000-07년 계획의 실패를 리즈-저먼이라는 '희생양'으로 해결하는 셈이다. 이것이 새로운반자본주의정당과 유사한 노선 전환을 의미하는지는 역시 두고 볼 일이다.]

21줄 마지막으로 → 삭제

27줄 기후온난화 → 지구온난화

202쪽 14줄 아주 → 삭제

23줄 1970년대 → 1960-70년대

203쪽 2줄 남한 인민 → 10년 동안 인민주의에 시달리던 남한인민

10줄 신자유주의와 비교할 필요가 있는 것이 아니라 → 신자유주의가 아니라

206쪽 6줄 하나는 발권력이고 또 하나는 은행감독권이에요. → 하나는 고용·물가안정이라는 거시경제적 목적과 관련되는 발권력이고 또 하나는 금융안정이라는 미시경제적 목적과 관련되는 은행감독권이에요.

10줄 한국은행 → 은행감독원

11줄 따름이에요. → 따름이에요. 어쨌든 연준이 은행감독권을 갖는 반면 한국은행은 독일연방은행(DB)을 확대·개편한 셈인 유럽중앙은행처럼 은행감독권이 없다는 데 주목해야 하지요.

21줄 산업은행 → 한국산업은행

210쪽 20줄 인민주의자 → 인민주의자라는 의미

212쪽 7줄 어쨌든 → 삭제

214쪽 5줄 고든 → 새케인즈주의자 고든

216쪽 15줄 금융화 → 과소소비로 인한 정체경향을 극복하려는 금융화

218쪽	1줄	다함께 활동가들이 → 사실 정 교수가 다함께의 공식 이론가라면 이상한 일입니다. 소련에서처럼 국제사회주의 내부에서도 국가자본주의론 논쟁이 전개된 적이 있는데, 여기서 국가자본주의론은 국가독점자본주의론의 별명이라고 할 수 있어요. 또 키드런이 단계론을 주장한 반면 하먼은 경향론을 주장한 것도 소련 논쟁과 마찬가지이고요. 그런데 한국사회성격 논쟁에서 국가독점자본주의론에 반대하면서 주변부자본주의론을 고집하던 정 교수는 다함께를 지지한 다음에도 국가독점자본주의론은 스탈린주의적이라고 거부하지요. (이하 새 문단으로 시작) 어쨌든 다함께 활동가들이
	20줄	1980년대 → 1980년대 후반; 이윤율 → 자본생산성
219쪽	10줄	지지하는 것이에요. → 지지하는 것이지요. 그러나 두 이론은 상극이에요.
	25줄	최초의 → 전후 최초의
	27줄	그래서 → 요컨대
220쪽	12줄	1979년 → 1980년 초
221쪽	3줄	보호비용 → ‘보호비용’
222쪽	5줄	놀랜드가 주장하는 → 놀랜드도 지적하는
224쪽	3줄	물론 → 나아가
226쪽	7줄	베네주엘라 → 베네수엘라
	14줄	진보주의자들이 주장한 것처럼 → 진보주의자들의 주장처럼
229쪽	8줄	기후온난화론 → 지구온난화론
231쪽	7줄	굴지말고 → 굴지 말고
233쪽	12줄	공공서비스 → 서비스
	25줄	이 대목에서도 → 이 대목에서도 역시

『2007-09년 금융위기 논쟁』

10쪽 14줄 연방준비제도이사회(FRB, 연준) → 연방준비제도(Fed, 연준)

29줄 보통 → 보통 일본식으로

12쪽 그림 29-32 → 29-33; 69-70 → 70; 74-75 → 73-75

10줄 1929-32년 → 1929-33년

13쪽 20·28줄 1974-75년 → 1973-75년

22·24·28줄 1969-70년 → 1970년

25줄 수준에서 → 수준 사이에서

14쪽 4줄 1969-70년 → 1970년

5줄 이윤율이 하락하면서 경기침체가 발생하고, 그 와중에 금융위기가 → 이윤율이 하락함에 따라 금융위기와 경기침체가

16쪽 16줄 1974-75년 → 1973-75년

21쪽 6줄 1990년대에는 → 1990년대에는 연준이사회 의장인 그린스펀의 지론에 따라

16줄 말이에요. → 말인데, 물론 2000년대에 마이크로소프트와 인텔은 나스닥에서 다우존스로 편입되지요.

18줄 1969-70년 → 1970년

19줄 1974-75년 → 1973-75년

24줄 2002년 → 2000년대

27쪽 4줄 구조화투자전문회사(SIV)를 → 기업어음콘딧을

5줄 구조화투자전문회사는 → 기업어음콘딧은

23줄 연준 → 연준이사회

29쪽 11줄 경기회복 → 경기과열

30쪽 1줄 때문이지요. → 때문이지요. 달리 말해서 과잉축적설은 불비례설이나 과소소비설과 달리 재생산표식론이 아니라 자본축적론과 관련된다는 것이에요. 게다가

31쪽 8·9·11줄 가속도원리 → 가속기원리
10줄 투자를 → 투자의 변동을
33쪽 3줄 8월 → 5월
35쪽 17줄 연준의장실 → 연준이사회 의장실
26줄 8월 → 5월
36쪽 1줄 9-10월 → 9월
7·8·9·19·23줄 노령화 → 고령화
24줄 쉽게 → 얼마간
37쪽 13줄 GO-PO → GOPO
39쪽 1줄 2008년 9월부터 2010년 5월까지 여러 차례 → 2008년 9월, 10월과 2009년 3월의 세 차례
40쪽 12줄 사회안전망 → 사회안전망·사회간접자본
13줄 이전지출 → 재정지출
23줄 연준의 통화완화정책 → 연준의 구제금융, 즉 통화완화정책
41쪽 19줄 구제금융과 거의 동시에 → 구제금융 직전에
42쪽 19줄 연준 → 연준이사회
43쪽 14줄 노령화 → 고령화; 사회보장지출 → 사회보험지출
16줄 사회보장지출 → 사회보험지출; 동시에 → 동시에 부시 대통령처럼
17줄 거의 대부분 → 98%
25·28줄 의료보험개혁법 → 건강보험개혁법(ACA)
27줄 미국재건재투자법에(…)경기부양책인 → 삭제
29줄 사회보장관련신탁기금 → 사회보험관련신탁기금
44쪽 6줄 와중에도 → 와중에
46쪽 3줄 심각한 → 위험한
10·11줄 조세 → 과세
27줄 급상승하지요. → 급상승하지요. 또 민간부채의 비중은 포르투갈과 스페인이 그리스와 이탈리아보다 더 높아요.

47쪽 11줄 2010년 2월 → 2009년 12월
13줄 동유럽 구제금융 → 2009년 7월 헝가리 구제금융
15줄 그리스가 → 그리스가 국가부도를 선언하고
49쪽 소제목 더블딥 논쟁 → 출구전략 및 더블딥 논쟁
22줄 1929년 초 → 1929년 중반
50쪽 11줄 9-10년 → 7-11년
12줄 4-5년 → 3-5년
51쪽 9줄 1970년대 → 삭제
52쪽 27줄 1979-80년 → 1980년
28줄 중반 → 후반
29줄 연준 → 연준이사회
53쪽 3줄 1974-75년 → 1973-75년
29줄 균형실업율 → 균형실업률
54쪽 6줄 12월부터 0.25-0.5%포인트로 → 3월부터 0.25%포인트로
9줄 시행된 → 부실자산구제계획의 일환으로 실행된
10줄 금리의 인상 → 금리 0.25%의 인상
55쪽 마지막 문단 저축성예금 → 정기예금
56쪽 1줄 이 대목에서는 → 버냉키도 지적하는 것처럼, 이 대목에서는
16줄 차세대 → 미래세대; 현세대 → 현재세대
25줄 한계 → 금융가속기론의 한계
26줄 그의 → 삭제
57쪽 1줄 발행액 → 잔액
8줄 사회보장관련신탁기금 → 사회보험관련신탁기금
23줄 그에게 → 그의 금융가속기론에
58쪽 14줄 금융 억압 → 금융억압
59쪽 14줄 부채에 → 주로 부채에
21줄 '해산기구' → '정리기구'

22줄 실제로 → 2009년 6월부터; 금융규제·감독개혁법안 → 금융개혁법안(도드-프랭크법안)

62쪽 1줄 건전성위기이라기보다는 → 건전성위기라기보다는

24줄 2년 → 1.5년

64쪽 처음 두 문단 사이에 새 문단 삽입 → 2차 세계전쟁기에는 국채 만기의 평균치가 100개월이어서 현재의 2배입니다. 그럴 경우 국채의 화폐화와 인플레이션 조세를 통해 국채의 비중이 하락할 수 있지요. 이자율 i는 명목이자율 i_n과 인플레이션율 p의 차이이므로,

$$b' = (d+ib) - g_Y b = (d+(i_n - p)b) - g_Y b = (d+i_n b) - (g_Y b + pb).$$

1970년대까지 국채의 비중이 120%에서 40%로 하락할 수 있었던 것은 국채이자를 포함하는 재정적자의 비중 $d+i_n b$의 상승이 국채의 비중을 20% 포인트 상승시키는 요인이었음에도 불구하고 경제성장요인 $g_Y b$와 인플레이션요인 pb가 국채의 비중을 50%포인트씩 하락시켰기 때문이에요.

67쪽 8줄 판매세 → 소비세

69쪽 8줄 이것이 → (첫 칸을 띠지 않고 문단 연결)

9줄 투자승수입니다. → 투자승수이지요.

10줄 투자승수방정식을 → (첫 칸을 띠고 문단 분리)

11줄 설명해보겠어요. → 설명해보겠습니다.

71쪽 19줄 in the long run, → in the long run

73쪽 24줄 단기적으로는 물론이고 중기적으로도 → 상당 기간

78쪽 2줄 오산·군산의 8공군 → 오산의 7공군

13줄 베트남 전쟁 → 베트남전쟁

79쪽 23줄 2009년 6월의 → 2009년 북한의 2차 핵실험 직후에 개최된

	26줄	한국 → 남한
83쪽	4줄	부르는 → 불리는
84쪽	12줄	하는 → 부르는
88쪽	27줄	공공부문노조를 → 그렇다고 해서 공공부문노조를; 물론 → 삭제
94쪽	12줄	1918-20년 → 1918-19년
	15줄	2500-3000만 → 4000-5000만
95쪽	14줄	여성운동단체 → 여성단체
100쪽	8줄	노령화 → 고령화
101쪽	10줄	출현합니다. → 출현해요.
103쪽	6줄	소멸되면서 → 소멸하면서

'과천연구실 세미나'

01 (1995. 06.) 윤소영, 『마르크스주의의 전화와 '인권의 정치': 알튀세르를 위하여』 (문화과학사)

02 (1995. 11.) 에티엔 발리바르 (윤소영 옮김), 『마르크스의 철학, 마르크스의 정치』 (문화과학사)

03 (1996. 06.) 윤소영, 『알튀세르를 위한 강의: '마르크스주의의 일반화'를 위하여』

04 (1996. 08.) 루이 알튀세르 외 (윤소영 옮김), 『알튀세르와 라캉: '프로이트-마르크스주의'를 넘어서』

05 (1996. 12.) 윤소영, 『알튀세르의 현재성: 마르크스, 프로이트, 스피노자』

00 (1997. 05.) 메이너드 솔로몬 외 (윤소영 옮김), 『베토벤: '윤리적 미' 또는 '승화된 에로스'』 (공감예술신서 1)

06 (1998. 03.) 윤소영, 『일반화된 마르크스주의와 역사적 자본주의 분석』

07 (1997. 03.) 장 로블랭 외 (김석진·박민수 옮김), 『세계화와 신자유주의 비판을 위하여』

08 (1997. 09.) 뤼스 이리가레 외 (권현정·김수영·송영정·안주리 옮김), 『성적 차이와 페미니즘』

09 (1998. 04.) 조반니 아리기 외 (권현정·이미경·김숙경·이선화 옮김), 『발전주의 비판에서 신자유주의 비판으로: 세계체계론의 시각』

10 (1998. 09.) 다이앤 엘슨 외 (권현정·이미경·김숙경·이선화 옮김), 『발전주의 비판에서 신자유주의 비판으로: 페미니즘의 시각』

11 (1999. 06.) 윤소영, 『신자유주의적 '금융 세계화'와 '워싱턴 콘센서스': 마르크스적 비판의 쟁점들』
12 (1999. 11.) 이미경, 『신자유주의적 '반격' 하에서 핵가족과 '가족의 위기': 페미니즘적 비판의 쟁점들』
13 (2001. 02.) 윤소영, 『이윤율의 경제학과 신자유주의 비판』
14 (2001. 04.) 김석진·윤종희·김숙경·박상현, 『자본주의의 위기와 역사적 마르크스주의』
15 (2001. 07.) 윤소영, 『마르크스의 '경제학 비판'』 (개정판, 2005. 02.)
16 (2002. 06.) 윤소영, 『마르크스의 '경제학 비판'과 소련사회주의』
17 (2002. 06.) 권현정·오현미·김숙경·정인경, 『마르크스주의 페미니즘의 현재성』
18 (2003. 02.) 윤소영, 『마르크스의 '경제학 비판'과 평의회 마르크스주의』
19 (2003. 07.) 권현정·오현미·이미경·김숙경·정인경, 『페미니즘 역사의 재구성: 가족과 성욕을 둘러싼 쟁점들』
20 (2003. 06.) 윤소영, 『마르크스의 '경제학 비판'과 대안세계화 운동』
21 (2003. 12.) 에티엔 발리바르 외 (윤소영 옮김), 『'인권의 정치'와 성적 차이』
22 (2004. 12.) 윤소영, 『역사적 마르크스주의: 이념과 운동』
23 (2004. 02.) 윤종희·박상현, 『마르크스주의와 정치철학 및 사회학 비판』
24 (2005. 01.) 윤종희·박상현·정인경·박정미, 『대중교육: 역사·이론·쟁점』
25 (2006. 04.) 제이슨 무어 외 (윤종희·박상현 옮김), 『역사적 자본주의 분석과 생태론』
26 (2006. 05.) 비센트 나바로 외 (송인주·이태훈·박찬종·이현 옮김), 『보건의료: 사회·생태적 분석을 위하여』
27 (2005. 08.) 윤종희·박상현·정인경·박정미, 『인민주의 비판』
28 (2006. 02.) 윤소영, 『일반화된 마르크스주의 개론』

29 (2007. 02.) 윤소영, 『일반화된 마르크스주의의 쟁점들』
30 (2007. 05.) 윤소영, 『일반화된 마르크스주의의 경계들』
31 (2007. 10.) 윤소영, 『헤겔과 일반화된 마르크스주의』
32 (2007. 09.) 앨리슨 스톤 외 (윤소영 옮김), 『헤겔과 성적 차이의 페미니즘』
33 (2008. 03.) 윤소영, 『일반화된 마르크스주의와 대안좌파』
34 (2008. 06.) 윤소영, 『일반화된 마르크스주의와 대안노조』
35 (2008. 10.) 윤종희·박상현·송인주·정인경·공민석, 『알튀세르의 철학적 유산』
36 (2008. 12.) 윤종희·박상현·송인주·이태훈·정인경·이현, 『화폐·금융과 전쟁의 세계사』

'공감개론신서'

01 (2008. 07.) 윤소영, 『일반화된 마르크스주의 개론』 (개정판)
02 (2008. 11.) 윤소영, 『금융위기와 사회운동노조』
03 (2009. 06.) 윤소영, 『마르크스의 '자본'』
04 (2009. 11.) 윤소영, 『2007-09년 금융위기』
05 (2010. 04.) 윤소영·윤종희·박상현, 『2007-09년 금융위기 논쟁』
06 (2011. 01.) 윤소영, 『현대경제학 비판』
07 (2011. 10.) 윤소영·박상현·이태훈·공민석, 『사회과학 비판』
08 (2012. 04.) 윤소영, 『역사학 비판』
09 (2012. 10.) 윤소영, 『문학 비판』
10 (2013. 03.) 윤소영, 『2010-12년 정세분석』